Bruno P. Kremer
Klaus Richarz

Wer lässt die Katze aus dem Sack?

Bruno P. Kremer
Klaus Richarz

Wer lässt die Katze aus dem Sack?

Redensarten über Tiere und Pflanzen und was dahinter steckt

Cartoons von
Friedrich Werth

KOSMOS

Tierisch gut drauf

Haben Sie das auch schon einmal erlebt? Da flattert Ihnen ein amtliches Papier ins Haus, Sie fühlen sich wie vor den Kopf gestoßen und sind der Meinung, das schlage dem Fass den Boden aus. Sofort schnüren Sie das Bündel, begeben sich flugs eiligen Schenkels zur Behörde, nehmen den Sachbearbeiter aufs Korn und rücken ihn zurecht, dass die Heide wackelt. Nachdem ihm endlich der Groschen gefallen ist, fühlt er sich auf den Schwanz getreten, ist sofort aus dem Häuschen, winkt mit dem Zaunpfahl und steckt Ihnen ein Licht auf. Das bringt Sie erst recht in Harnisch. Sie wittern Morgenluft, legen sich ins Zeug und reden den Griffelspitzer – wie der Schnabel gewachsen ist – in Grund und Boden ...

Mehr als ein Dutzend Redensarten mit bildhaftem Vergleich aus völlig anderen Situationen sind in diesen wenigen Zeilen enthalten – ein klarer Beweis dafür, dass sie aus der Alltagssprache nicht wegzudenken sind, auch wenn man sie normalerweise etwas zurückhaltender dosiert als in der Beispielgeschichte. Ohne Bilder, die sie mit einfachen Worten in den Köpfen erzeugt, kommt Sprache einfach nicht aus – weder in der Trivialliteratur noch in ernst gemeinten Sachtexten. Der Unterschied zwischen der nüchtern distanzierten Beschreibung eines Sachverhaltes und einem treffenden bildhaften Vergleich ist, wie Mark Twain es einmal formulierte, ähnlich wie der zwischen einem Glühwürmchen und einem Blitzschlag. Bilder verstärken die gesprochene oder geschriebene Botschaft, beleuchten Zusammenhänge aus einem anderen Blickwinkel, veranschaulichen buchstäblich und erleichtern den Zugang zum besseren Erfassen der Mitteilung, auch wenn sie die Gedanken zunächst einmal auf einen Nebenschauplatz lenken. Im Fachjargon der Sprachwissenschaft nennt man solche bildhaften Verständnisbrücken Metaphern oder spricht fallweise auch von Metaphorik oder Idiomatik. Fachleute

unterscheiden dabei genauer zwischen formelhaften Vergleichen, Routineformeln, Redensarten, Sprichwörtern und Zitaten. Auf solche Sektionsübungen werden wir hier verzichten. Der Umgang mit den Vergleichsbildern lockt allerdings gelegentlich auf spiegelglattes Eis und lässt erbarmungslos straucheln, wenn die Aussage allzu sehr in Schieflage gerät und deswegen grotesk wirkt („Der Schokoladenhase ist das Zugpferd der Osterartikel"). Eine gekonnte, wenngleich in manchen Fällen vielleicht etwas riskante Metaphorik liefert dagegen die nötigen Pfefferkörner zu einer gut gewürzten Speise („Sie lächelte wie ein verkatertes Girl aus der Margarinewerbung").
Oft genug geht es bei den Redewendungen auch richtig tierisch zu (Sprachpuristen betonen, es müsse „tierlich" heißen, weil man ja auch „pflanzlich" bzw. „pilzlich" sagt). Ebenso wie man selbst in vornehmen Kreisen bei der Kennzeichnung von Art- und Zeitgenossen gelegentliche heftige Anleihen bei Fauna („Du dumme Kuh") und Flora („Du taube Nuss") wahrnimmt, verwendet die um Kraftwirkung bemühte gesprochene oder geschriebene Sprache nicht nur im Alltagsgebrauch sehr gerne plastisch-bildhafte Vergleiche aus dem Pflanzen- oder Tierreich. Obwohl sie, genauer betrachtet, nicht selten ziemlich komisch, häufig genug auch recht derb, aber fast immer erfrischend saftig sind, wurden sie zu häufig zitierten Redewendungen bzw. sprichwörtlichen Redensarten. Damit dienen sie sozusagen als gern genutzte Fertigbauteile für Sätze und Texte, weil sie durch ihre besondere Anschaulichkeit überzeugen. In fast allen Kommunikationssituationen – von der umgangssprachlichen Stammtischunterhaltung über die Trivialliteratur bis zur Festrede in den wohlgesetzten Worten der gehobenen Standardsprache – bieten sie als Stilmittel eine enorme Bereicherung unserer Ausdrucksfähigkeit. Auch wenn man ihren Gehalt und Mitteilungswert sofort versteht und eventuell sogar aus der eigenen Naturerfahrung ableiten kann

(„Stolz wie ein Pfau", „Zittern wie Espenlaub"), ist ihre spezielle Botschaft oder die Sinnübertragung in anderen Fällen zwar sofort verständlich, aber aus den Einzelbegriffen nicht direkt zu erklären („Auf den Hund kommen", „Das geht auf keine Kuhhaut"). Oft nämlich stecken in solchen Redewendungen bzw. Redensarten Hinweise oder Vergleiche aus längst verschütteten Horizonten unserer Kulturgeschichte, die man erst mühsam freilegen muss, um ihre ursprüngliche Bedeutung vor Augen zu haben. Die mittelalterliche Rechtspflege oder das Militär sind dabei ebenso vertreten wie die Handwerker- bzw. Berufsfachsprachen zurückliegender Jahrzehnte oder gar Jahrhunderte, wobei doch recht erstaunlich ist, wie langlebig manche historisch gewachsenen Begriffsfügungen sind, wenn sie erst einmal in den allgemeinen Sprachschatz übernommen wurden. Andererseits ist Sprache nie fertig. Auch in der Gegenwart entstehen solche Wendungen neu. Teenies sind vermutlich sofort im Bilde, wenn es darum geht, „eine Schnecke anzugraben" oder wenn ein neuer Hit so „grottenschlecht" ist, dass man gar „die Krätze kriegt".
Rund 360 Redewendungen gehen wir hier auf den Grund, die an überwiegend heimische Pflanzen oder Tiere anknüpfen und damit eine biologisch breite Palette von Möglichkeiten anbieten, wenn es darum geht, die Sprache zu beleben und zu vertiefen. Diese Katze lassen wir jetzt einmal aus dem Sack!

Redensarten von A bis Z

Was mag es denn bloß bedeuten, wenn jemand auf den Busch klopft – und das wegen einer Angelegenheit, die nicht einmal die Bohne wert ist? Vom sprichwörtlich glitschigen Aal bis zum staubtrockenen Zunder schlängelt sich ein themenreicher Weg durch mehrere Jahrhunderte europäischer Kulturgeschichte. Alles Banane? Jetzt decken wir nichts mehr mit dem Feigenblatt zu, sondern holen die Kastanien aus dem Feuer und lassen uns etwas vom Pferd erzählen.

Glatt wie ein AAL Manche Menschen sind einfach nicht zu fassen. Gerade wenn man glaubte, einen solchen Typen bei seinen Worten, Taten oder der Ehre gepackt zu haben, hat sich der schlaue Mensch schon wieder erfolgreich aus der Situation herausgewunden. Diese Fähigkeit wird von Mitmenschen aber nicht besonders positiv eingestuft. Eher schwingt schon eine abstoßende Bewunderung für einen so gearteten Menschen mit, der sich schlau und diplomatisch, aber auch raffiniert, listig und durchtrieben, gelegentlich sogar doppelzüngig, wie ein Aal mithilfe seiner schleimigen Haut, unserem „Zugriff" entzieht. Dass ein aalglatter Typ sich genauso wenig wie ein Aal festhalten lässt, wussten schon die alten Römer: „Anguilla est: elabiter" (= er ist ein Aal: er entwischt) lautete das gängige Sprichwort (Plautus, Pseudolus II,4). Während Goethe im Faust „durch Drang und Menge aalgleich zu schlupfen" sagen lässt, heißt es heute noch im besten rheinischen Dialekt: „Wie en Aal es er mir durchgewitscht!"

Kein AAS glaubt das Ein Aas, in der Hoch- wie in der Umgangssprache die Bezeichnung für eine Tierleiche in eventuell bereits fortgeschrittenem Zustand der Verwesung, bietet

weder für Auge noch für Nase einen schönen Eindruck und gilt verächtlich als das buchstäblich Allerletzte, mit dem man zu tun haben möchte. Von daher wird verständlich, dass der Begriff auch als Schimpfwort für niederträchtig empfundene Mitmenschen verwendet wird (sogar in der stabreimenden Steigerung „Du altes Aas!“) – so übrigens schon in den meist ohnehin etwas derben Schwänken des Nürnbergers Hans Sachs. Wenn nicht einmal ein nutzloser Tierkadaver, geschweige denn ein angeblich nichtswürdiger Mensch von etwas zu überzeugen ist, ist die Sache wohl vollends verloren. Ähnlich ist auch die Wendung „Kein Aas war zu sehen“ zu verstehen.
So nutzlos, wie es der Sprachgebrauch unterstellt, ist Aas in der Natur übrigens nicht. Eine ganze Reihe von Konsumenten haben sich in aquatischen und in festländischen Lebensräumen gezielt auf die Vertilgung von Kadavern spezialisiert und tragen so zu deren Rückführung in den Kreislauf der Natur durch Remineralisierung bei. Außer Geiern und Raben erledigen auch viele Insekten wie Aaskäfer oder Aasfliegen diesen unschönen, aber unverzichtbaren Job.

Mich laust der AFFE

Die Gaukler sind in der Stadt! Eine dichte Menschentraube umsteht die kleine, exotische Truppe, zu der ein Feuerschlucker, eine rassige Tänzerin, ein reich geschmücktes Kamel und ein kleiner Affe gehören, der in Menschenkleidung steckt. Zum Schluss der kurzweiligen Vorstellung schlägt das Äffchen, vom Feuerschlucker an einer Kette geführt, eine Reihe von Purzelbäumen um das in der Mitte liegende Kamel, von dessen Rücken aus sich die Tänzerin nach allen Seiten hin graziös verbeugt, um den Applaus des Publikums als Brot des Künstlers entgegenzunehmen. Doch weil man auch als Gaukler vom Applaus allein nicht satt werden kann, schreitet jetzt der Feuerschlucker mit dem Affen auf der Schulter die Menge ab, um Münzen in seinem Hut einzusammeln. Plötzlich schreit dabei einer aus dem Publikum erschreckt auf: Der Affe auf der Schulter des Feuerschluckers ist mit einem Sprung auf einen Mann aus dem Publikum übergewechselt, um gleich darauf mit flinken Fingern dessen Haare zu durchwühlen. Kaum hat er etwas Fressbares auf der Kopfhaut des Zuschauers erspürt, führt er dies geschickt zu seinem Affenmund, um es genüsslich zu verspeisen. Dieses „Lausen" begeistert alle, bis auf den „Gelausten", fast noch mehr als die gesamte Vorstellung zuvor. Ohne es zu wissen, ist er ein Teil des Gauklerspektakels geworden. Peinlich hätte es dem Herrn dennoch nicht sein müssen. Schließlich suchte der Affe auf seiner Kopfhaut nicht nach Ungeziefer in Form von Kopfläusen, sondern nach feinen Hautschüppchen. Und das ist eine Passion, die viele Primatenarten als bindungsverstärkende Maßnahme gerade auch unter ihresgleichen pflegen. Immerhin war der alte Gauklertrick so beliebt und weit verbreitet, dass er bis heute als Redensart noch weiterlebt.

Dem AFFEn Zucker geben

Als das inzwischen für die Tiergesundheit als gefährlich erkannte Füttern in Zoologischen Gärten durch die Besucher noch erlaubt war, waren es gerade die Affen, denen man gerne Zucker in Reinform oder als Bonbons zuwarf, um sich an den komischen Situationen, die die Affen kreierten, zu belustigen. Wer, nüchtern oder angetrunken, völlig ausgelassen und lustig sein kann, seiner Neigung nachgibt oder sich besonders eitel aufführt, gibt seinem Affen Zucker. Doch die seit 1719 nachweisbare Redensart nimmt damit nicht nur auf die Affen in den Menagerien Bezug, sondern meint wohl auch, dass ein Mensch mit solcherart Verhalten den Affen in sich trägt. In seinen „Ernst-scherzhaften und satyrischen Gedichten“ umschreibt Pilander 1737, so das Synonym von C. F. Henrici, sehr treffend, wie verliebte, ältere Herren sich beispielsweise leicht zum Affen machen:

„Und wenn sie krumm und tief gebückt,
Ein Mäulchen obenhin erhaschen,
So sind sie durch und durch erquickt,
Und wie ein Äffchen so vergnüget,
Wenn es ein Stückchen Zucker krieget.“
Das war’s wohl, ihr alten Affen!

Sich zum AFFEn machen

Wer seinem Affen Zucker gibt, macht sich schnell zum Affen; wie gesehen bei den alten, verliebten Herren. Womit wir beim „Ein Affentheater aufführen“ wären. So führen sich unsere Artgenossen, oder wir selber, immer dann auf, wenn übertriebenes (äffisches) Gebaren an den Tag gelegt wird. Dass wir als Menschengeschlecht zu den Primaten gehören, hat man schon lange geahnt, aber durchaus immer gerne verdrängt. Heute ist unbestritten, dass Bonobos, Schimpansen, Gorillas und Orang Utans uns verdammt nahe stehen. In vielen Situationen halten sie uns den Spiegel vor, in dem wir uns oder sie als unsere nächsten Verwandten als eben nackte Affen erkennen. Stehen wir dazu?!

In den sauren APFEL beißen Bevor die Früchte richtig reif sind, schmecken sie erfahrungsgemäß ziemlich sauer. So bietet auch der Biss in einen sauren Apfel gewiss kein abgerundetes Geschmackserlebnis und steht bildhaft für eine unangenehme Angelegenheit, die man notgedrungen und nicht besonders lustbetont zu erledigen hat wie Hausputz oder Hemden bügeln. Am Ende der unliebsamen Kulinarik steht aber doch immer ein Gewinn, ähnlich wie beim Schlucken der bitteren Pille zur Wiedergesundung. Obwohl der Säuregehalt der unreifen Früchte zuverlässig den Glanz aus den Augen vertreibt, ist er biochemisch eine durchaus faszinierende Erscheinung. Eine der Hauptbeteiligten am pflanzlichen Säurerepertoir ist die erstmals vom berühmten Justus von Liebig in Äpfeln nachgewiesene und danach auch so benannte Äpfelsäure, wobei Fachleute die traditionelle Bezeichnung zunehmend aufgeben und nur noch von Apfelsäure sprechen oder gleich zum Zungenbrecher Monohydroxybernsteinsäure greifen. Nach ihrem Vorkommen in Äpfeln, aber auch in allen übrigen unreifen oder reiferen Früchtchen nennt man die Salze und Ester dieser Säure Malat (lat. *malus* = Apfelbaum). In den heranwachsenden Früchten entsteht die Äpfelsäure durch den Abbau von Zucker, der aus den grünen Blättern in das Fruchtfleisch importiert wird. In den reifenden Früchten baut sich aus dem Fruchtsäurevorrat auf einem anderen Syntheseweg wieder Zucker auf. Vollreife und dann verführerisch wohlschmeckende Äpfel haben deswegen immer noch einen angenehmen Fruchtsäureanteil, sind aber mit ihrem hohen Zuckergehalt auf jeden Fall süße Früchtchen.

Für einen APFEL und ein Ei bekommt man eine Sache, die zwar einen gewissen (Sammler-)Wert darstellt, aber beinahe unentgeltlich, sozusagen umsonst oder für einen geradezu lächerlichen Preis und damit spottbillig zu haben ist. Am ehesten kennt man die schon im 17. Jahrhundert gebräuchliche Redewendung in der niederdeutschen Fassung „für 'nen Appel und 'n Ei". Sie entstand im Blick auf die Vorratswirtschaft reicher Bauernhöfe, wo Äpfel und Eier normalerweise in großen Mengen verfügbar sind, deshalb keinen besonderen Wert darstellen und ohne besonderes Verlustgefühl abzugeben sind. Ähnlich ist der Ausdruck „Für ein Butterbrot" zu verstehen.

Den APFEL mag ich nicht Wie war das noch: Die vermutlich extrem hübsche, weil wohl proportionierte Eva machte auf Geheiß einer Schlange den zunächst noch zögernden Adam mit einem verführerisch rundlichen Apfel so erfolgreich an, dass seine Hormone heftig kreisten, bis er schließlich der Verlockung erlag und reinbiss. Seither – so zumindest die volkstümliche Deutung – steckt dem armen Sünder ein Bissen von Evas verlockenden Früch-

ten als Adamsapfel im Hals, und er ist um die trübe Erkenntnis reicher, dass es fallweise besser ist, nicht auf eine Frau zu hören.
Die nachdenklich stimmende Story vom biblischen Apfel aus dem Alten Testament (Genesis 3, 1 ff) begründete einen vielfältigen Symbolwert. In der christlichen Ikonographie steht die schöne, süße Frucht für die irdischen Verlockungen, und die leuchtenden Äpfel am Weihnachtsbaum – später durch glänzende Glaskugeln ersetzt – deuten auf die versprochene Rückkehr ins Paradies. Die Kugelgestalt ist als Abbild der Erde zu verstehen, und der Reichsapfel symbolisiert im hohen Mittelalter den Anspruch auf die Herrschaft über die Welt in den damals bekannten Grenzen. Außerhalb dieser eher kirchlichen Einsatzgebiete gilt der Apfel auch als erotisches Symbol. Wer den Apfel nicht essen mag, verspürt mal gerade (oder schlimmstenfalls dauerhaft) kein Verlangen nach Zärtlichkeit – es fehlt ihm der entscheidende Motivationsschub für Liebe, Lust und Leidenschaft. Die Geschichte vom Sündenfall im Paradies steckt uns offenbar tief in den Knochen.

Der APFEL fällt nicht weit vom Stamm

und erfahrungsgemäß nur innerhalb der Kronenreichweite. Fast entsteht dabei der Eindruck, dieses Bild sei eine Binsenweisheit (vgl. S. 23), denn der verbreitungsbiologisch Plumpsfrucht genannte Apfel ist – von seinem Fall vom Baum abgesehen – gewiss kein Segler oder Flieger und somit auf tierische Verbreitungshilfe angewiesen.
Das Verhältnis vom Stamm und dem Apfel, der ihm aus der Krone bricht, ist genetisch-genealogisch im Sinne von Abstammung zu sehen: Die Gene des Baumstamms, der hier gleichzeitig den Stammbaum verkörpert, sind die gleichen wie im Fruchtfleisch (nicht in den

Kernen!) des Apfels als Vertreter der neuen Generation. Wenn also ein Sprössling in seinen Begabungen, Eigenschaften und Fertigkeiten ein getreues Abbild seiner Eltern ist und gleichsam in ihre Fußstapfen tritt, hat man geradezu den Beweis für die Gültigkeit der Mendel'schen Vererbungsregeln nicht nur bei Apfelbäumen, sondern auch beim Menschen vor Augen. Gewöhnlich zitiert man das Bild vom Apfel nahe beim Stamm für eher ungünstige Charaktermerkmale, die ihre Spur durch die Generationen ziehen, beispielsweise der Neigung zum Alkoholismus.

Zum ZankAPFEL werden

Langweilige Nachrichten aus dem belanglosen Leben der High Society verbreitet die Regenbogenpresse bis zum Überdruss. Lange vor der Epoche der Zeitungen war die Hofberichterstattung aus der Welt der (Halb-)Götter eher eine Sache der Mythenbildung, wobei immer wieder erstaunlich ist, wie überaus irdisch es damals bei den Himmlischen zuging.

Eine der Gestalten, die nach heutigem Sprachgebrauch Schlagzeilen machte, war Paris, der Sohn des Königs Priamos von Troja und seiner Gemahlin Hekabe. Offenbar war er eine Art antiker Playboy und fehlte auf keiner wichtigen Party, so auch nicht auf der Hochzeitsfeier von Peleus und Thetis. Hier warf die immer ein wenig missgünstige Göttin Eris einen Apfel mit der Aufschrift „Für die Schönste" unter die weiblichen Gäste und löste mit diesem Zankapfel eine handfeste Auseinandersetzung unter den ebenfalls anwesenden Göttinnen Hera, Athene und Aphrodite aus. Paris sollte schließlich den Streit schlichten und bei dieser antiken Misswahl ein Urteil finden. So übergab er die Frucht kurzerhand an Aphrodite, nachdem diese ihn zuvor mit allerhand Versprechungen bestochen hatte, unter anderem

mit der Zusage auf eine Ehe mit Helena von Sparta. Die betörend schöne Helena war jedoch bereits mit König Menelaos verheiratet und musste folglich entführt werden. Diese Gewaltmaßnahme löste schließlich den vieljährigen Trojanischen Krieg aus, da die verschleppte und bei den Trojanern recht glückliche Helena auf dem Verhandlungsweg nicht nach Sparta zurückzubekommen war.
Man darf übrigens bezweifeln, ob das der Aphrodite verliehene Obst wirklich ein verführerischer, saftiger und rotbackiger Apfel war, denn großfrüchtige Sorten, wie man sie heute in jedem Warenhausregal findet, waren in der Antike noch gar nicht bekannt. Kulturpflanzenhistoriker gehen deshalb davon aus, dass der berühmte erste Zankapfel eher eine Quitte war, die im Mittelmeerraum schon seit langem weit verbreitet war. Man nimmt sie auch im Fall der „Goldenen Äpfel der Hesperiden" an, einem weiteren verworrenen Obstkrimi aus der griechischen Mythologie.

ÄPFEL mit Birnen vergleichen oder „Äpfel und Orangen zusammenzählen" ist nach verbreiteter Einschätzung fast so schlimm wie eine Division durch Null, nämlich rechentechnisch generell unzulässig. Die obstige Redewendung versucht somit am Beispiel angeblich unähnlicher Früchte zu verdeutlichen, dass man Sachbezüge oder Vergleiche bitteschön nur innerhalb gleichartiger und damit vergleichbarer Objektmengen anstellt. Aber wieso soll ein Addieren von Äpfeln, Birnen und eventuell auch Orangen zum Obstsalat nicht statthaft sein? Die Redensart ist zwar populär und wird auch problemlos verstanden, aber überzeugend ist sie deswegen keineswegs und wird auch nicht dadurch logischer, dass man sie ständig wiederholt. Eine vergleichende Beschreibung oder Betrachtung gewinnt doch erst dadurch an Profil, dass sich ihre

Gegenstände genügend unterscheiden: Wenn man ein Stück Apfel zerbeißt, zermalmen die Zähne das schmackhafte Fruchtfleisch in kurzer Zeit zu einem homogenen Mus. Ein Stück Birne endet genauso, knirscht aber vorher vernehmlich, weil das Birnenfruchtfleisch von zahlreichen Steinzellnestern durchsetzt ist. Wie sonst als durch einen Direktvergleich von Äpfel und Birnen kann man solche Feinheiten benennen?

Jemanden verÄPPELn

„Du willst mich wohl veräppeln", entgegnet man leicht irritiert, wenn man sich veralbert, verspottet bzw. zum Narren gehalten fühlt. In besonders vornehmen Kreisen wird die niederdeutsche Sprech- und Schreibvariante gar zum hochdeutschen „veräpfeln" aufpoliert und stellt damit einen klaren formalen Zusammenhang zum Apfel her, der so aber tatsächlich nicht besteht. Die Redensart leitet sich nämlich vom heute in Mitteleuropa kaum noch verstandenen und noch weniger gesprochenen jiddischen Wort *eppel* (= nichtig) ab. Wenn man jemanden veräppelt, pardon: vereppelt, will man ihn gleichsam mit gezielten Worten herabwürdigen und damit gleichsam zunichte machen, so wie jeder beißende bis messerscharfe Spott im Grunde genommen den Ruin der gemeinten Zielperson beabsichtigt. In Frankreich gibt es dazu sogar das passende Sprichwort: „Lächerlichkeit tötet sicherer als jede Waffe".

Ausgerechnet BANANEn

„Yes, we have bananas", lautete ein amerikanischer Schlager nach dem Ersten Weltkrieg, aus dem in der deutschen Fassung „Ausgerechnet Bananen, Bananen verlangt sie von mir!" wurde. Heute wird der Spruch dann eingesetzt, wenn „auch das noch!“ von einem abverlangt wird. Wenn dann Situationen nicht ganz so sind, wie sie sein sollen, ist „alles Banane“. Aktueller als diese beiden Ausrufe ist allerdings der Begriff „Bananenrepublik“. Ursprünglich auf kleine südamerikanische Länder gemünzt, die ganz vom Bananenexport lebten, und damit von den übermächtigen USA abhängig waren, finden sich solche Staaten heute auch zunehmend in Europa ...

Ein ungeleckter BÄR

Damit wird ein grober, ungehobelter Mensch (Klotz) umschrieben. Diese Redensart ist in vielen europäischen Sprachen zu Hause, vom französischen „un ours mal léché“ bis zum niederländischen „het is eeen ongelikte beer“. Ihr Ursprung lässt sich bis ins Altertum zurückverfolgen, als man glaubte, dass der Bär als gestaltloses, unförmiges Stück Fleisch zur Welt kommt und erst durch seine Mutter in die richtige Form geleckt wird. Ganz so abwegig wie auf den ersten Blick ist dieser alte Volksglaube

dennoch nicht. Schließlich werden Bären recht unfertig geboren. Nur rattenklein, nackt und blind sind die kleinen Bärchen, wenn sie die Bärenmutter in ihrem Winterlager zur Welt bringt, um danach intensiv von ihr beleckt (!) und äußerst fürsorglich aufgezogen zu werden. Anderthalb bis zwei Jahre folgen die Jungen ihr noch, um von der Mutter in dieser langen Zeit vieles zu lernen. Wie wichtig eine gute Kinderstube für heranwachsende Bärenkinder ist, zeigte ein Auswilderungsversuch von zwei Jungbären aus dem Züricher Zoo im italienischen Trentino. Diese Zoobärenkinder waren nicht in der Lage, ihre natürliche Nahrung selbst zu finden, sondern bettelten daher Menschen an, wenn sie nicht gerade Fressbares auf der Müllhalde von Cortina d'Ampezzo fanden. So mussten diese armen Wichte schließlich wieder halb verhungert eingefangen werden. Und das zu einer Jahreszeit, in der die wilden Bären des Trentino sich fast ausschließlich von Ameisen ernähren. Die Ameisenjagd ist jedoch kein angeborenes, sondern ein von den Bärenmüttern erlerntes Verhalten. Womit aus einem ungeleckten, unumsorgten Bären tatsächlich nur ein ungeschickter, ungehobelter Bär (Mensch) werden kann. Ganz im Sinne eines anderen Sprichwortes „Was Hänschen nicht lernt, lernt Hans nimmermehr." Womit wir endgültig von der Bärenkinderstube zur menschlichen gewechselt wären …

Jemanden einen BÄRen aufbinden

Wer hat die Situation nicht schon erlebt? Zunächst hört man der Erzählung seines Gesprächspartners mit offenen Ohren und – weil so spannend – auch mit offenem Mund aufmerksam zu, um mit meist zeitlich deutlicher Verzögerung festzustellen, dass alles Gesagte nicht der Wahrheit entspricht. Wir haben uns halt einen Bären aufbinden lassen! Doch während die Botschaft dieser beliebten Redensart eher glasklar ist, lässt ihre Herkunft bis heute einen breiten Raum für Spekulationen zu. Ursprünglich wurde der Bär wohl nicht auf-, sondern angebunden. Möglicherweise beruht das Ganze auch auf einem Missverständnis des Wortes „Bär", das vom alten Ausdruck *bere, bäre* (= Abgabe oder Last) abgeleitet wurde. Dem anderen die schwere Last der Lüge aufbinden, ergibt da schon einen Sinn, wobei „aufbinden" wohl gleichbedeutend mit dem lateinischen Wort *imponere* (= aufbürden) verwendet wurde. Während mit der älteren Redensart „vom Bären anbinden" Schulden machen gemeint war, bedeutet aufbinden etwas vorlügen. Wie dem auch sei: Weder das eine, noch das andere spricht nicht gerade für den Ausführenden. Möglicherweise standen am Anfang der Redensart auch ein richtiger Bär und die Herleitung aus der Jägersprache Pate. Sicher war und ist es ungeheuer schwer, einen lebenden, kräftigen Bären zu fesseln. Vielleicht hat irgendwann ein Jäger einem Gesprächspartner mit seiner Jagdgeschichte einen solchen Bären an(auf)gebunden.

Schließlich findet sich schon im Simplicissimus (1668) die Stelle: „... dass ich ihnen, wenn ich nur aufschneiden wollte, seltsame Bären hätte anbinden können." So viel zum Jägerlatein! In Ostpreußen kam übrigens zum Bären noch das Brummen hinzu. „Er hat einen guten Bären brummen" bedeutet, dass er Schulden hat und „die Bären brummen" meint nichts anderes, als dass die Gläubiger bezahlt sein wollen – beides nicht gerade erfreuliche Aussichten, so ganz und gar nicht „bärig".

Zwischen BAUM und Borke stecken

Das Leben beschert mancherlei Verlegenheiten und damit die Notwendigkeit, heikle Angelegenheiten zu meistern oder sich aus einer kritischen Zwangslage zu befreien. Wenn jemand wirklich in der Klemme steckt und sich gegebenenfalls zwischen zwei unangenehmen Alternativen entscheiden muss, lässt sich die fühlbare Enge seiner verzwickten Situation treffend mit dem Bild vom Baum und seiner Borke beschreiben. Nicht zwischen Baum und Borke zu geraten, ist zudem eine gut gemeinte Empfehlung, sich möglichst nicht in fremde Angelegenheiten einzumischen. So jedenfalls deutet es ein französisches Sprichwort.

BÄUME wachsen nicht in den Himmel

Jeder Erfolg hat bekanntlich seine Grenzen, wie der dezente Hinweis auf die maximal möglichen Wuchshöhen der Bäume verdeutlicht. Bis zur Maximalhöhe – Rekordhalter sind mit etwa 125 Meter australische *Eucalyptus*-Arten – ist es jedoch ein weiter und zudem auch langer Weg, denn auch die größten Bäume fangen ganz klein an, als winzige, krautige Sämlinge mit zunächst nur geringer

Überlebenschance. Mit zunehmender Größe sind sie jedoch allen übrigen Pflanzentypen überlegen. Im Vergleich zu Kräutern und Sträuchern erzielt die Wuchsform Baum also im Wortsinn überragende Erfolge. Aber warum wachsen sie – obwohl fallweise erstaunlich hoch – tatsächlich nicht (weiter) in den Himmel? Die mechanischen Eigenschaften eines kräftigen Baumstammes würden auch Wuchshöhen bis über 200 Meter zulassen, aber so hoch können die feinen Leitbahnen im Holz selbst unter trickreichster Ausnutzung aller Kapillarkräfte nicht das für die Blätter wichtige Wasser transportieren. Ab etwa 130 Metern Länge reißt nämlich auch ein fadendünner Wasserfaden unter seinem Eigengewicht ab. Das Erfolgsprinzip Baum scheitert demnach an einem simplen physikalisch-technischen Sachverhalt.

Fleißig wie die (Arbeits-) BIENEn

Kein zweites Insekt haben wir so „lieb" gewonnen wie die Biene – und das aus ganz und gar eigennützigen Gründen. Bis in die Steinzeit zurück reicht die menschliche Nutzung des Honigs, der lange Zeit unser einziger Süßstoff war, bis der Rübenzucker mit dem Zuckerrübenanbau Anfang des 19. Jahrhundert dem Bienenprodukt den Rang ablief. Die Bedeutung der Honigbiene beschränkt sich jedoch keineswegs auf die Produktion von Honig und Wachs. Als wichtigster Blütenbestäuber für viele unserer Nutzpflanzen, von Obstbäumen über Ölfrüchte bis zu den kleeartigen Futterpflanzen, sind Bienen unverzichtbar für uns. Die staatenbildenden Insekten mit ihrer strengen Arbeitsteilung zwischen Geschlechtstieren, der Königin und den Drohnen, und Arbeiterinnen, sind wahre Arbeitstiere. Bei günstigen Trachtbedingungen kann man von einem guten, kopfstarken Bienenvolk aus bis zu 80 000 Tieren im Jahr bis zu 50 Kilogramm Honig erhalten, während der Durchschnitt bei ungefähr sieben Kilogramm pro Volk liegt. Die dazu notwendigen Leistungen der Arbeitsbienen sind gigantisch. Um drei Kilogramm Nektar zu sammeln, die etwa ein Kilogramm Honig ergeben, müssen die Bienen ungefähr 60 000 Mal ausfliegen und ungefähr vier Millionen Blüten anfliegen. Solcherart Fleiß ist sprichwörtlich, wenn er auch nicht immer hoch geschätzt wird. Von Demokritos bis Charles Dickens spannt sich der Bogen der Kritiker des Bienenfleißes. Während der alte Grieche die Bienen deshalb wenig wertschätzte, weil sie wie der „Geizige arbeiten, als ob sie ewig leben würden“, tun sie nach Dickens einfach des Guten zuviel: „They work, but ... they overdo it“. So viel zu den fleißigen Bienen. Wenigstens rücken die (Bienen-)Männer das Bild wieder gerade. Auch bei uns scheint die Redensart ja eher auf die Weiblichkeit gemünzt, oder?

In die BINSEn gehen

Binsen sind Pflanzen mit unscheinbaren braungrünen Blüten(ständen) und extrem schlanken Halmen, die aussehen wie Gräser, aber keine sind. Wo sie in größerer Menge wachsen, muss man auf jeden Fall mit nassen Füßen rechnen.

Wie im richtigen Leben geht auch bei der Jagd der eine oder andere Schuss voll daneben. Ein Jäger auf Entenjagd – im Nachruf der unglücklichen Opfer auf der Speisekarte spricht man von Flugenten – trifft mit seiner giftig-umweltrelevanten Bleischrotladung nicht immer gut und schon gar nicht zielgenau. Eine nur angeschossene, aber ansonsten noch einigermaßen agile Ente rettet sich möglichst umgehend in die dichten Binsen ihres Wohngewässers, und dort ist sie weder für einen wasserscheuen Jäger noch für den angesetzten Jagdhund erreichbar. Wenn jemandem etwas in die Binsen gegangen ist, kann man die Sache also getrost aufgeben.

Eine BINSEnweisheit von sich geben

von sich geben oder eine Binsenwahrheit verkünden heißt, eine banale Selbstverständlichkeit äußern bzw. einen einfachen Sachverhalt so darstellen, dass er keinerlei Erkenntniszugewinn bringt. Schon die römischen Komödiendichter Plautus und Terenz amüsierten sich darüber, wenn jemand „an einer Binse den Knoten“ suchte (den sie als Vertreter der Binsengewächse im Unterschied zu den richtigen Grashalmen natürlich nicht hat) und damit Besonderheiten ergründen wollte, die so gar nicht bestehen. Eine andere Deutung stammt aus Heidelberger Studentenkreisen: Als immer mehr Studiker dazu übergingen, eine lange Tonpfeife zu rauchen, entwickelte sich bald ein neuer Erwerbszweig, nämlich der Handel mit getrockneten Binsenstängeln, die man – sie waren knotenfrei – recht praktisch zum Reinigen der langen Pfeifenhälse verwendete. Diesen Spezialhandel betrieb ein etwas einfältiger und wegen seines überschaubaren Warenangebots Binsenbub genannter Mensch. Wenn dieser eine Sache begriff, konnte es nur eine Binsenweisheit sein.

Durch die BLUME sprechen

Männertreu, Maßliebchen, Rose, Vergissmeinnicht – so manche buntblumige Blüte hat einen besonderen Symbolwert und steht deswegen als Botschafter für Gefühle, die man zunächst noch nicht offen oder direkt ausspricht. Wer mit hochrotem Kopf eine ebensolche Rose zum Treffen auf der Parkbank mitbringt, wird auch ohne umständliche Erklärung verstanden. „Durch die Blume sprechen“ bedeutet demnach, eine Empfindung oder Mitteilung für den Adressaten nur andeutungsweise und zart verpackt, eben symbolisch, auszudrücken. Wer eine Sache „verblümt“ zu verstehen gibt, verziert seine Botschaft gleichsam mit floralem Dekor und nimmt ihr dabei die schonungslose Direktheit. Auf diese Weise gelingt es, in einer Auseinandersetzung seinem Gegenüber auch eine betont bittere Pille zu versüßen. Das Gegenteil stellt sich vergleichsweise brutal dar: Wenn jemand „unverblümt seine Meinung äußert“, nimmt er gewiss kein (Blüten-)Blatt vor den Mund, sondern redet Klartext ohne jeden Schnörkel.

Mit dem Bild von der blumigen Verhüllung der Redeabsicht hängt der Begriff der Floskel zusammen – abgeleitet vom lateinischen *flosculum*, der Verkleinerungsform von *flos* (= Blüte). Wer ständig Floskeln gebraucht, redet blumig um eine Sache herum oder verschleiert seine wahren Absichten.

BLÜMCHENkaffee anbieten

Schwarz, heiß, süß – somit umfassend anregend und dennoch rein pflanzlich ist Kaffee ein Getränk, das im besten Fall aus den Folgeprodukten einer Blüte zubereitet wird, den gerösteten Samen (= Bohnen) aus den Steinfrüchten („Kaffeekirschen“) des Kaffeebaumes, nicht jedoch aus kleinen Blüten. Die Redensart stammt aus Sachsen (daher eigentlich „Bliimschengaffä“) und hat folgende Ausgangslage: Manche der von der berühmten Porzellanmanufaktur Meißen hergestellten Kaffeetassen trugen auch auf der Innenseite ein hübsches florales Dekor. Wenn der darin ausgeschenkte Kaffee so dünn und durchsichtig war, dass man den Blütenschmuck erahnen oder gar erkennen konnte, war die Diagnose klar. Ähnlich ist auch der Begriff „Bodenseh-Kaffee“ zu verstehen, der eine freie Bodensicht bis zum Grund des Kaffeebechers erlaubt. Dessen Wirkung und Geschmack ist ähnlich zu bewerten wie der im – beispielsweise im Rheinland so genannten – „Café Ersatz“ angebotenen Malz- oder

Zichorienkaffee, dem bekannten Muckefuck. Dieser Ausdruck entstand im frühen 19. Jahrhundert aus *mocca faux* (= falscher Mokka) und ist ein Beispiel für die vielen französischen Lehnwörter, die in der modernen Umgangssprache arg entstellt wurden.

Keinen BOCK haben – Nullbock

Während die meisten Redensarten lange tradiert wurden und auf alte Ursprünge zurückreichen, gehört der „Nullbock" zu den sehr modernen Redewendungen. Aus der Jugendsprache um 1979/80 entstanden, dient er als Metapher, um „keine Lust auf irgend etwas zu haben". Die (scheinbare) Lust- und Antriebslosigkeit war – oder ist? – das Markenzeichen einer ganzen Generation, dem der „Nullbock-Generation". Wenn aber aus den gleichen Mündern der Ausspruch „ich habe Bock auf ..." kommt, was soviel wie „ich habe Lust/Appetit auf ..." heißen soll, kann es mit dem „Nullbock" soweit her nicht sein. Haben wir die jungen Leute vielleicht zu „Sündenböcken" gemacht? Mit Sicherheit schauen viele Ältere auf „Nullbock"-Jugendliche herab, ohne sich dabei selbstkritisch zu fragen, ob das Verhalten der Jugend meist nur Ausdruck und Reaktion auf das (Fehl-)Verhalten der Erwachsenen ist. Womit wir beim „Sündenbock" wären. Wo die Sünde im Spiel ist, ist die Bibel nicht weit. Bei 3 Moses 16,21 f. finden wir die Lösung: Als jüdischer Brauch wurden dem Hohen-Priester am Versöhnungstag zwei Böcke übergeben, die als Sühneopfer für die Sünden des Volkes dienten. Sie waren die ersten „echten Sündenböcke", die für die Schuld anderer leiden mussten. Wobei die Leiden der beiden Tiere immer unterschiedlich ausfielen. Während nach Losentscheid ein Bock für den Herrn geopfert (= getötet) wurde, bekam der zweite durch Handauflegen des Hohen-Priesters alle Sünden Israels aufgebürdet, um damit anschließend in die Wüste gejagt und seinem eigenen Schicksal – wahrscheinlich in Form eines Leoparden – überlassen zu werden. Bis einschließlich der Lutherbibel kam das Wort „Sündenbock" in allen frühen Bibelausgaben allerdings nicht vor. Vielmehr war vom „ausgesandten Bock" die Rede.

Sollte sich jemand als Sündenbock fühlen, sei an die Worte unseres früheren Staatsmannes Bismarck erinnert, als man ihn für den Kriegsausbruch 1866 verantwortlich machen wollte: „Überall macht man mich verantwortlich für eine Situation, die ich nicht geschaffen habe, sondern die mir aufgedrängt worden war; ich bin für die öffentliche Meinung der Sündenbock."

Den BOCK zum Gärtner machen

Wenn ein völlig Ungeeigneter mit einer Aufgabe oder einer Arbeit betraut wird, die zu keinem vernünftigen Ergebnis führen kann und er dabei mehr Schaden als Nutzen bringt, hat man „den Bock zum Gärtner gemacht". Schließlich wäre es genauso, als ob man einen Ziegenbock in seinen Garten ließe. Denn dieser Abkömmling der Wildziegen zeichnet sich durch mehrere, für ihn und seine Sippe lebenserhaltende Eigenschaften aus: Neben ihrer großen Anpassungsfähigkeit an unterschiedliche klimatische Bedingungen sind Ziegen äußerst genügsam, sehr gute Futterverwerter, dazu noch hervorragende Kletterkünstler. Im Gegensatz zu Rindern, Pferden und Schafen können Ziegen auch sehr stark aromatische und salzhaltige Kräuter fressen und selbst den zellulosereichen Pflanzenbestand in Halbwüsten und felsigen Hochlagen verwerten. Womit vor ihrem Maul tatsächlich nichts Pflanzliches sicher ist. Wo auf Inseln ausgesetzte Ziegen früheren Seeleuten als Fleischreserve dienen sollten, haben sie sich bei passenden Bedingungen so stark vermehrt, dass sie an der oft einzigartigen Inselvegetation erhebliche Schäden bis zur völligen Zerstörung solcher Insel-Ökosysteme anrichteten. Die früheren Einzäunungen unserer Gärten dienten zu keinem anderen Zweck als zum Abhalten der gefräßigen Haus- und Wildtiere, vor allem der klettergewandten Ziegen. So reimte schon Christian Lehmann (1639) sehr direkt: „Glaub, wo der Bock ein Gärtner wird, die jungen Bäume er wenig ziert ..." oder Simon Dach (1655) im mehr übertragenen Sinn: „Denn wer Mägde lässt allein, setzt den Bock zum Gärtner ein." Womit die „Ziegen" auch noch ihr Fett weg hätten ...

Nicht die BOHNE oder „Keine Bohne wert"

sagt man, wenn eine Sache als sehr geringfügig oder gar völlig wertlos erachtet wird. Warum gerade die Bohnen offenbar als so sprichwörtlich nichtig gelten, ist nur schwer nachvollziehbar. Immerhin gehören sie als Hülsenfrüchte mit (trocken) mehr als 20 Prozent Proteingehalt zu den wertvollsten Nahrungspflanzen überhaupt, und außerdem kann man sie ohne nennenswerte Nährwerteinbußen über längere Zeit lagern. Damit sind sie deutlich praktischer als Frischgemüse.

Möglicherweise verachtet die Redensart von der Bohne den diätetisch so wertvollen Hülsenfruchtsamen aber gar nicht so, wie es das Sprichwort auf den ersten Blick unterstellt: Früher verwendete man Bohnen gelegentlich anstelle von Münzen als Spieleinsatz. Wenn eine Runde oder Spielsituation keine Aussicht auf Gewinn brachte, hielt man sein Spielkapital Bohne vorsichtshalber zurück – für ein aussichtsloses Unterfangen investiert man nicht einmal eine einzige (weil immer noch wertvolle) Bohne. Diese Deutung lässt sich unter anderem aus einer Liedzeile des Minnesängers Walther von der Vogelweide entnehmen.

Dumm wie BOHNEnstroh

Eine mangelnde Ausstattung mit Geistesgaben ist nach allgemeiner Einschätzung nicht besonders vorteilhaft. Dummheit, sprachlich eng verwandt mit Dumpfheit im Sinne von Wahrnehmungseinschränkung, war daher zu allen Zeiten Gegenstand von Gelächter und Spott. Die Umgangssprache prägte für die im Prinzip bedauernswerte Ausgangslage im Gehirn betroffener Zeitgenossen unverhältnismäßig viele bildhafte Ausdrücke bzw. Vergleiche, wobei sowohl die Technik wie auch die Natur die Anschauungsobjekte lieferten („Sprung in der Schüssel“, „ein Rad ab haben“, „Meise unter’m Pony“). So wie „leeres Stroh dreschen“ nichts Nennenswertes mehr hergibt, ist „dumm wie Stroh“ eine klare Aussage zur vermuteten oder bestehenden Minderbegabung eines Gegenübers. Ganz ähnlich vermuten Behauptungen wie „nur Stroh im Kopf haben“, dass beim so Qualifi-

zierten die kleinen grauen Zellen wohl ein wenig unterrepräsentiert sind. Und weil es so schön klingt, verkürzt man die Diagnose gleich auf „strohdoof“.
Das lautähnliche Bohnenstroh, der trockene, grobe, laut raschelnde Ernterückstand der Stangenbohnen, ist im Unterschied zum Getreidestroh zu fast nichts mehr zu gebrauchen – ähnlich wie ein extrem ungeschickter Mensch, dem man nachsagt, er sei so dumm wie Bohnenstroh.

Auf den BUSCH klopfen

Unter einem Busch versteht man üblicherweise einen dicht verzweigten und deswegen ziemlich undurchdringlichen Strauch. Mehrere solcher Strauchgehölze bilden ein Buschwerk oder Gebüsch, beispielsweise am Wegrand. Mancherorts ist der Busch aber auch ein alternativer Begriff für Wald oder zumindest ein größeres Waldstück. In solchen Gehölzen halten sich tagsüber gerne Rehe, Hirsche und Wildschweine versteckt. Weil sich nun manche Leute einen Sport daraus machen, solche Tiere abzuschießen, die mordslustige Jägerei im geschlossenen Gehölz aber nicht so recht funktioniert, muss man die potenziellen Zielobjekte in freies Schussfeld bringen. Dazu erfand man schon vor Jahrhunderten die Treibjagd. Eine Anzahl so genannter Treiber zieht dazu auf breiter Front lärmend und mit Stöcken auf das Unterholz schlagend durch den Busch, scheucht dabei das verschreckte Wild auf und treibt es den bereitstehenden Jägern direkt vor die Flinte.
Wer bei jemandem mit Worten auf den Busch klopft, möchte durch vorsichtiges oder geschicktes Fragen etwas erkunden oder wichtige Informationen im Vorfeld weiterer Entscheidungen erhalten, damit ihm möglichst nichts durch die Lappen geht. Auch dieser Ausdruck

ist der Jägersprache bzw. früheren Jagdsitten entnommen. Als man Großwild zu Pferde auf langen, geraden Jagdschneisen im Wald zu Tode hetzte (Parforcejagd genannt), verhinderte man das seitliche Ausbrechen des Wildes dadurch, dass man an weniger dicht bewachsenen Stellen Tuchbahnen am Gehölz befestigte. Manchmal gelang es einem Rothirsch oder Wildschwein aber doch, sich „seitwärts in die Büsche zu schlagen" und ging dann seinen Verfolgern schlicht „durch die Lappen".

Da ist doch was im **BUSCH**

Dichtes Strauchwerk auf der freien Flur oder in der Ummantelung von Waldstücken ist geradezu optimal dazu geeignet, sich vor neugierigen Augen zu verstecken bzw. dem unerwünschten Blick zu entziehen („Wo ein Wille ist, ist auch ein Gebüsch"). „Mit etwas hinter dem Busch halten", bedeutet demnach, seine Meinung oder Einschätzung zunächst nicht offen kundzutun und weiterhin im Verborgenen zu taktieren. Die Gesprächspartner vermuten zwar, dass noch nicht alles diskutiert oder erläutert wurde und vermuten dann oft zu Recht, dass noch etwas im Busch ist. Mitunter verwendet man die Redensart auch in dem Sinne, dass in Kürze irgendein Problem auftritt, so wie absehbar ein Gewitter aufzieht.

Das Bild vom Taktieren hinter dem Busch stammt aus dem militärischen Sprachgebrauch: Man hielt seine kampfbereite Truppe so lange hinter einem dichten Gebüsch oder Waldstück vor fremden Blicken versteckt, bis man schließlich „damit herausrückte“, um den Gegner aus dem „Hinterhalt“ zu überraschen und anzugreifen. Ähnlich versteht sich auch die Wendung „mit etwas hinter dem Berge halten“. Die im tarnenden Gebüsch lauernde Gefahr steckt auch in alten Bezeichnungen wie „Strauchdieb“ bzw. „Strauchritter“, denn Wegelagerer operierten ähnlich wie eine organisierte Streitmacht aus dem sicheren Versteck, das ihnen die Gehölze an den früheren Handelswegen boten. „Allen Büschen fern sein“ – so schon von Martin Luther gebraucht – bedeutet umgekehrt, eine Sache vorerst noch nicht so recht zu fassen bekommen und leer auszugehen.

Mühsam ernährt sich das EICHHÖRNCHEN

.. ist eine Redensart, die beispielsweise beim Skat immer dann gerne verwendet wird, wenn einem Spieler nur kleine Stiche gelingen. Es spricht für die Beliebtheit dieses unverwechselbaren Tierchens aus der Ordnung der Nagetiere, dass man gerne seinem auffälligen Tun zuschaut. Geschickt klettert das Eichhörnchen stammaufwärts und hüpft von Ast zu Ast, um an seine Lieblingsnahrung, Baumsamen aller Art, zu gelangen. Und die haben entweder eine harte Hülle, die es zu knacken gilt wie etwa bei Haselnüssen und Eicheln oder ihre winzigen Kerne verstecken sich hinter Samenschuppen wie bei den Tannen-, Fichten- und Kiefernzapfen, die sich erst durch Benagen und Abreißen befreien lassen. Obwohl Eichhörnchen außer Baumsamen auch noch Triebe, Beeren, Obst, Rinde, Knospen, Pilze, Vogeleier, Jungvögel, Kerbtiere und Schnecken verzehren, ist ihre Sammeltätigkeit, bei einem täglichen Nahrungsbedarf von 35 Gramm im Winter bis zu 80 Gramm im Frühjahr, doch sehr aufwändig. Mühsam erscheint vor allem die Suche des Eichhörnchens im Winter nach den Vorräten, die es während der herbstlichen „Erntezeit“ im Boden vergraben, in Baumhöhlen und Rindenspalten versteckt oder in Astgabeln eingeklemmt hat.

Das Tierchen „merkt“ sich seine Verstecke nicht, sondern sucht, wenn der große Hunger kommt, planmäßig und hauptsächlich nach vorgegebenen Suchschemata sowie vom Geruchssinn geleitet, nach der gehorteten Nahrung. Eine Tätigkeit, die dem menschlichen Beobachter mühsam erscheint und dennoch Sinn macht: Was hätte das Eichhorn davon, wenn es große Nahrungsmengen an einem Platz deponieren würde, die von einem Nahrungskonkurrenten leichter entdeckt und ausgeräubert werden könnten. Schließlich stammt auch die Redewendung „Aktion Eichhörnchen“ von der Sammel- und Versteck- und Horttätigkeit dieser putzigen Tiere. Besonders fleißige und eifrige Menschen bedenkt man deshalb im Saarland mit dem Spruch: "Dat es e Kerl wie en Eicherling!"

Der Teufel ist ein EICHHÖRNCHEN

Manch eine harmlos wirkende Situation birgt eine böse Überraschung in sich. Wenn alles glatt zu laufen scheint, uns aber ein schwer zu beschreibendes, ungutes Gefühl dabei beschleicht, verwenden wir diese Redensart. So wie das harmlos scheinende Eichhörnchen wegen seiner roten Fellfarbe, seinem plötzlichen Auftauchen und seiner äußersten Gewandtheit zum Symbol des Teufels wurde, denn nach altem Volksglauben schlüpft der Teufel gern in die Gestalt des Eichhörnchens, um einem Menschen zu schaden. Der Teufel steckt halt manchmal im Detail.

Wie ein ELEFANT im Porzellanladen

Wer sich ungeschickt benimmt, verhält sich „wie ein Elefant im Porzellanladen“. Die Redewendung ist international gebräuchlich. Während man das plumpe Auftreten im Englischen mit „like a bull in a china-shop“ umschreibt, heißt es auf französisch „se conduire comme un éléphant dans un magasin du porcelaine“. Womit man den Vertretern der Rüsseltiere, ob Indischer oder Afrikanischer Elefant, allesamt Unrecht tut. Trotz ihrer gewaltigen Größe sind Elefanten äußerst sensible Wesen, und das nicht nur in ihrer Umgangsweise untereinander, sondern auch im „Auftreten“. Mit ihren bis zu kuchentellergroßen Fußplatten belasten selbst schwerste Bullen jeden Quadratzentimeter mit nicht mehr als

600 Gramm, während jedes leichtgewichtige Fotomodel mit mindestens zwei Kilogramm Druck je Quadratzentimeter Stöckelschuh den Laufsteg belastet. Wie feinfühlig zudem Elefanten sind, zeigt sich, wenn sie im Zirkus über eine oder mehrere am Boden liegende hübsche Damen schreiten, ohne ihnen auch nur ein Haar zu krümmen. Apropos Haar: Die langen, über den Körper verteilten Borstenhaare der Elefanten fühlen auch das noch, was ihre Augen nicht wahrnehmen können. Und dennoch scheint sich manchmal einer von ihnen wie im Porzellanladen aufzuführen. „Schuld daran“ ist die „Musth“, ein Zustand, in den erwachsene Bullen regelmäßig geraten. Während ihnen dabei teerartiges, klebriges Sekret aus den angeschwollenen Schläfendrüsen läuft, sind sie erhöht aggressiv und für uns Menschen unberechenbar. Seit Anbeginn der Elefantenkulturen war das Phänomen „Musth“ bekannt: „Geilheit, Behändigkeit und Duft, Gangart und Geruch des Leibes, Zorn, Kraft und Furchtlosigkeit sind die acht Eigenschaften des Rausches“, schreibt Nilakantha. Dieser rauschartige Zustand bietet den Bullen vorübergehend entscheidende Vorteile für eine erfolgreiche Paarung mit den Weibchen: erhöhte Kraft, Ausdauer und Geschicklichkeit. Doch wer besonders geschickt ist, kann zwar ein (potenter) Elefant in Steppe und Urwald, nicht aber im Porzellanladen sein.

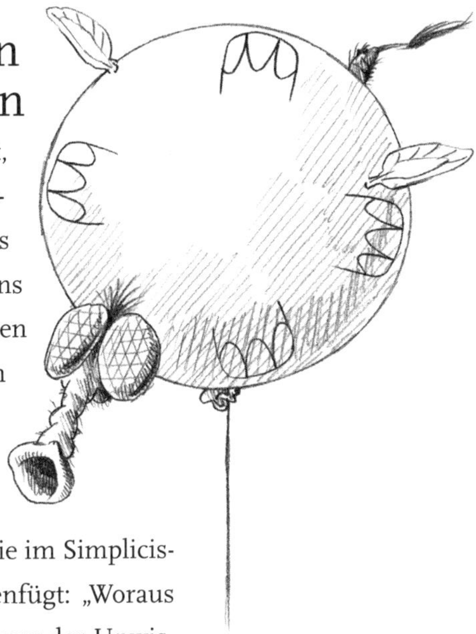

Aus der Mücke einen ELEFANTen machen

Wer stark übertreibt, indem er etwas ziemlich Bedeutungsloses maßlos aufbauscht, macht aus einer Mücke einen Elefanten. Übrigens entstehen schon sehr lange aus Mücken Elefanten. Die Redensart war schon im alten Griechenland gebräuchlich und sowohl Erasmus von Rotterdam („Elephantum ex musca facis") wie Grimmelshausen bekannt, der sie im Simplicissimus mit einer anderen zusammenfügt: „Woraus ich lernete, dass die Verwunderung aus der Unwissenheit entstehe und dass man aus der Muck einen Elephanten macht, ehe man weiß, dass der Berg mir eine Mauß gebären werde." Der Elefant als größtes Landtier der Erde war eben der rechte Gegenpart zu Unbedeutendem wie einer Mücke. Im gleichen Sinne wird aus einem Maulwurfhaufen ein Berg, aus einem Bach ein großer Strom, aus einem Floh ein Kamel, aus einer Kloake eine Burg und – um sprachlich im Kloakenmilieu zu bleiben – aus einem Furz ein Donnerschlag!

Das war wohl wieder eine (Zeitungs-)ENTE

Man darf der ernst zu nehmenden Presse, die sich als Gewissen der Nation versteht, gewiss unterstellen, eine verlässliche Nachrichtenethik zu kultivieren. Dennoch kann es auch außerhalb vom 1. April vorkommen, dass eine nicht ganz wasserdichte Meldung ins Blatt gelangt.

Aufmerksame Leser werden sie registrieren, die Stirn in Falten legen und die unglaubwürdige oder gar falsche Nachricht als Ente bezeichnen. Die Herkunft dieses buchstäblich geflügelten Begriffs lässt sich auf verschiedene Weise erklären. In Frankreich gab es bereits im 17. Jahrhundert die Redensart „vendre un canard à moitié", nur eine halbe Ente statt einer kompletten zu verkaufen und damit betrügerisch zu handeln. In der Folgezeit ließ man den Zusatz „à moitié" (= nur zur Hälfte) einfach weg, womit sich der Bedeutungsinhalt Lüge, Betrug bzw. Täuschung auf „canard" (= Ente) allein übertrug. Eine andere Erklärung stammt aus dem Tagesgeschäft der Zeitungsredaktionen, denen heute jeden Augenblick neue Nachrichtenlawinen auf den Tisch rollen. Kritische Redakteure, denen ein Sachverhalt unglaubwürdig oder unverbürgt vorkommt und die das Gefühl haben, eine weitere Recherche sei sinnvoll, versehen eine solche Meldung eventuell immer noch mit dem früher üblichen Kürzel „nt" für das lateinische *non testatum* (= unbestätigt), und nt hat den gleichen Lautwert wie Ente.

Störrisch wie ein ESEL Obwohl der Esel als Haustier dem Menschen schon länger als das Pferd dient, mit frühesten Nachweisen aus Mesopotamien um 3100 v. Chr., dichtete man ihm zu allen Zeiten nur Unschönes an. „Dummer Esel“ oder „alter Esel“ sind klassische Schimpfwörter. Dieser geduldige, oft genug geschundene Lastenträger wurde zum Synonym für Dummheit und Torheit des Menschen. Dabei entpuppen sich alle dem Esel angedichteten negativen Eigenschaften als Fehlinterpretationen seiner ihm eigenen Verhaltensweisen. Obwohl zur Pferdefamilie gehörend und als Herdentiere lebend, bewahren Esel weit mehr ihre Individualität und Eigenständigkeit als Pferde, die sich viel leichter ein- und unterordnen können. Esel setzen ihre Hufe nur dorthin, wo der Boden trägt. Sie reagieren selbst in der Gruppe beim Erschrecken nicht spontan und kennen keine Panik. Auf steilsten und schmalsten Pässen sind sie zuverlässige Reit- und Lasttiere, die von selbst anhalten, wenn sie eine Gefahr erkennen. Während Esel besonders im Mittelmeerraum zum Dreschen und Betreiben von Wasserrädern, als Reit- und Lasttiere eingesetzt werden, kamen sie erst im Mittelalter zu uns, ohne je richtig heimisch zu werden. Vermenschlichung, Unkenntnis und menschliche Überheblichkeit sind die Ursachen für eine falsche Beurteilung eines Tieres aufgrund seines Aussehens oder seiner Verhaltensweisen. Im Falle des Esels hat es kein geringerer als Mark Twain in „Wilson, der Spinner“ („Pudd’nhead Wilson“) 1893 auf den Punkt gebracht: „Es gibt keinen Charakter, mag er noch so gut und edel sein, der nicht durch Spötteleien, mögen sie noch so armselig und geistlos sein, verleumdet werden kann. Man betrachte zum Beispiel den Esel: Sein Charakter ist beinahe tadellos, seine Intelligenz ist der aller geringeren Tiere überlegen, doch seht, was Spötteleien aus ihm gemacht haben. Statt dass wir uns geschmeichelt fühlen, wenn man uns einen Esel nennt, fühlen wir uns beunruhigt.“ Mark Twain sei im Namen aller Esel gedankt!

EULEn nach Athen tragen Wer etwas völlig Überflüssiges, Wirkungsloses, Absurdes oder Widersinniges tut, trägt Eulen nach Athen. Doch woher kommt diese zunächst sehr merkwürdig erscheinende Redensart? Haben Griechen früher tatsächlich Eulen in ihre Hauptstadt getragen? Die Eule ist als Sinnbild der Weisheit Athene beigegeben, der Schutzgöttin Athens. Präziser ist es nicht irgendeine Eule, sondern der Steinkauz mit dem wissenschaftlichen Namen *Athene noctua*, nach der Göttin und seiner nächtlichen Lebensweise benannt. Als Vogel klüftenreicher Felslandschaften war er in Athen um die Akropolis vormals keine Seltenheit. Außerdem prangte diese Eule früher mit ihrem Abbild auf athenischen Münzen, wie sie heutzutage die Rückseite der griechischen 1-Euro-Münze ziert. Weil man die alten athenischen Münzen wegen ihres Eulenmotivs kurz als „Eulen“ bezeichnete, und es an ihnen in der reichen Stadt Athen nie mangelte, entstand daraus die Redensart, die ebenso Überflüssiges beschreibt wie etwa „Wasser in den Rhein, die Donau oder ins Meer zu tragen“ oder „Bier nach München zu bringen“.

Am seidenen FADEN hängen

Etliche Säugetiere, fast alle Vögel und eine Vielzahl von Insektenarten können fliegen und haben sich damit den Luftraum erobert. Zu den tierischen Aeronauten gehören eigenartigerweise auch Spinnen, auch wenn sie zu keinem Zeitpunkt ihrer Entwicklung Flügel besitzen. Ihr Segelflug mit dem Wind erinnert ein wenig an einen Fliegenden Teppich: Die Jungspinnen, und von einigen Arten auch die Zwergmännchen, lassen aus ihren Spinnspulen einen besonders langen Seidenfaden austreten und driften damit, buchstäblich am seidenen Faden hängend, über Dutzende bis Hunderte Kilometer davon. Die fliegenden und glitzernden Fäden kennt man bei uns als Altweibersommer, während die winzigen Passagiere meist unerkannt bleiben.

Am seidenen Faden hängen bedeutet in der Umgangssprache so viel wie auf der Kippe stehen bzw. hochgradig gefährdet zu sein. Dabei übertrifft die Festigkeit eines Spinnfadens jeden technischen Kunststoff (z. B. Nylon): Die so genannte Reißlänge eines Fadens aus dem Netz der Gartenkreuzspinne beträgt etwa 80 Kilometer, d. h. erst bei dieser Länge reißt der Faden unter seinem Eigengewicht ab. Auch eine üppig gesättigte Spinne kann sich also auf die Tragfestigkeit ihres Seidenfadens voll verlassen, wenn sie sich mal eben abseilt.

Mit dem FEIGEnblatt zudecken

Prüderie, die unbegreifliche Scheu vor ein paar Quadratzentimetern unbedeckter Haut, hat vielerlei Ausdrucksformen. Unter anderem zeigt sie sich auch in strengen Vorschriften für eine bestimmte Garderobe, hinter der sich die TrägerInnen bis auf Sehschlitze komplett verschanzen. In der Kunst ging man mit dem Problem des (halb-)nackten menschlichen Körpers epochenweise unterschiedlich um: Von Körperverrenkungen, die sämtliche sekundären Geschlechtsmerkmale geschickt aus der Blickachse nahmen bis hin zu seltsam flatternden oder verschlungenen Stoffdrapierungen haben Malerei und Plastik über die Jahrhunderte mancherlei kurios anmutende Darstellungstechniken entwickelt, um direkte Nacktheit zu vermeiden.

Falls es das jeweilige Thema oder der Adressatenkreis erforderten, verwendete man von der Antike bis in die Renaissance als Kleidungsersatz das berühmte Blatt des mediterran verbreiteten Feigenbaumes, sozusagen eine Art vegetabilischer Mini-Tanga. Die Wahl gerade dieses Naturobjektes war trickreich, denn erstens hat es mit seinem breit-dreieckigen Umriss den passenden Zuschnitt und zweitens auch noch die richtige Größe, um die ach so unerträgliche männliche oder weibliche Problemzone zumindest notdürftig zu verkleiden. Im Prinzip hätte man dazu auch andere Blätter nehmen können, aber möglicherweise wurde die Wahl für das Feigenblatt auch durch die Bibel motiviert. Im 1. Buch Moses (3,7) heißt es nach dem Sündenfall von Adam und Eva: „Da wurden ihrer beider Augen geöffnet, und sie erkannten, dass sie nackt waren, und flochten Feigenblätter zu einem Lendenschurz zusammen.“ Seither ist das Feigenblatt nicht nur Textilersatz, sondern steht bildhaft für alles, was als schamhafte Verhüllung oder zur Tarnung von Sachverhalten dient, die das Licht der Öffentlichkeit scheuen.

Die FELLe davonschwimmen sehen

Wir hatten es uns so schön ausgemalt: Bei den Voraussetzungen, Vorleistungen konnte die Zukunft im Beruf, in der Partnerschaft nur rosa sein. Doch plötzlich kam alles ganz anders. Unsere Erwartungen, Hoffnungen, Sehnsüchte zerrannen wie Sandkörner zwischen den Fingern. Nichts konnten wir festhalten. Wir sahen, wie unsere Felle davonschwammen. „Ich finde da nur noch den Lohgerber, dem die Felle weggeschwommen", lässt Theodor Fontane in „Frau Jenny Treibel" 1892 treffend ausdrücken. Denn aus dem Berufsleben der Lohgerber stammt diese Redensart. Wenn sie ihre Felle in einem Fluss auswuschen und diese ihnen dabei aus den Händen entglitten, sahen sie mit ihren Fellen ihre Mühen und den Lohn ihrer Arbeit davonschwimmen.

Um beim Fell zu bleiben: Gerne wird es in der derben Umgangssprache für die menschliche Haut gebraucht. Wer sich „ein dickes Fell zulegt", ist weniger leicht durch Anschuldigungen, Verleumdungen und Ähnliches verletzbar. „Et Fell versohlen" wird auch außerhalb des Rheinlandes als Prügel bekommen verstanden. Die gleiche Aussage steckt hinter dem Begriff „das Fell gerben (bläuen)". Womit wir wieder bei den Lohgerbern angelangt wären. Wer einen anderen betrügt, „zieht ihm das Fell über die Ohren". Wobei diese Redensart kaum aus der Jägersprache stammen kann, da diese für Fell die Begriffe „Balg" oder „Decke" und für Ohren „Lauscher" oder „Löffel" verwendet. Die Herkunft finden wir in der Bauernkultur. Dort zieht der Abdecker dem toten Tier das Fell über die Ohren, nachdem er diese zuvor abgetrennt hat. Nackt und ohne Fell muss sich mancher Bauer schon vorgekommen sein, wenn er zu spät bemerkte, dass er einem betrügerischen, reisenden Händler auf den Leim gegangen war. Doch Letzteres wäre schon wieder eine eigene Erklärung wert.

Stumm wie ein FISCH

Es scheint die Menschen von alters her fasziniert zu haben, dass Fische ihre Münder öffnen und schließen, ohne dass dabei ein Ton von ihnen an unser Ohr dringt. Von daher ist „stumm wie ein Fisch" die sprichwörtliche Umschreibung von Schweigsamkeit, eine Redensart, die seit den alten Ägyptern in fast allen Kulturkreisen Verbreitung fand. Erasmus von Rotterdam entwickelte mit dem Ausspruch „Magis mutus quam pisces" (= stummer als die Fische) sogar noch eine Steigerungsform. Wobei von den Ägyptern bis zu Erasmus von Rotterdam und später alle einem Irrtum aufgesessen sind. Denn kaum ein Fisch aus der Vielzahl der Fischarten ist wirklich stumm. Während wir Menschen durch den Schalldruck der Luft hören und unter Wasser kaum Geräusche wahrnehmen können, „hören" Fische durch Schwingungen des Wassers. Es gibt unter ihnen sogar „echte Lautsprecher". Das sind die Knurrhähne, eine Familie bodenbewohnender Fische der tropischen und gemäßigten Meere. Sie können Töne hervorbringen, die sich anhören, als fahre man mit einem feuchten Finger über einen prallgefüllten Luftballon. Diese Töne entstehen durch vibrationsartige Muskelkontraktionen der großen, zweikammerigen Schwimmblase, die nicht weniger als die Hälfte der Knurrhahn-Leibeshöhle einnimmt, wobei ein perforierter Teil der linken Kammer vibriert, wenn Gas hindurchgepresst wird. Offenbar werden dadurch die Schallwellen verstärkt.

Keiner FLIEGE (et)was zu Leide tun

Eine einzelne Fliege in der Küche lässt sich ja noch ertragen. In Vielzahl am Küchentisch werden sie allemal lästig, die Fliegen aus der Insektenordnung der Zweiflügler. Am häufigsten besucht uns die Stubenfliege, die sich in allen häuslichen Räumen gerne aufhält, am liebsten allerdings in der

Nähe von Nahrungsmitteln. Ursprünglich stammt sie wohl aus Afrika und hat sich mit dem Menschen über die ganze Erde ausgebreitet. In den nördlicheren Breiten fühlten sich Stubenfliegen wohl erst richtig zu Hause, als man mit Beginn der Eisenzeit ungefähr 400 v. Chr. mit der Stallhaltung von Haustieren im Winter begann. Stubenfliegenlarven leben im Dung oder entwickeln sich in Küchenabfällen. Unter günstigen Bedingungen dauert die Entwicklung vom Ei zur fertigen Fliege nur eine Woche. Weil Stubenfliegen Kot, Aas und Abfälle besuchen, mögen wir sie nicht besonders gerne anschließend auf unserem Tellerrand, dem Brot oder der Wurstplatte sitzen sehen. Wer da nicht zur Fliegenpatsche greift, also „keiner Fliege was zu Leide tun kann", ist schon ein extrem friedlicher Zeitgenosse!

Umgekehrt gibt es Menschen, die „sich (schon) über die Fliege an der Wand ärgern", denen jede noch so winzige Kleinigkeit auf den Senkel geht. Da ist es von Vorteil, wenn man „zwei Fliegen mit einer Klappe schlagen" kann. Das bedeutet im übertragenen Sinn, wenn es einem gelingt, mit einem einzigen Mittel, einer Handlung nämlich, einen doppelten Zweck zu erreichen. Was nicht unbedingt heißen muss „du hast dein Recht und ich meine Ruhe!" Die Redensart ist heute weit verbreitet und in vielen Mundarten bekannt. In Holland sagt man beispielsweise „twee vliegen in een klap slaan". Die deutsche Sprache kennt zur Bezeichnung einer doppelten Gewinn erzielenden, geschickten Handlung eine ganze Reihe weiterer Redewendungen wie „twee Appelen mit eenen Stock afwerfen", „du wilt mit einer Dochter zween Eydam machen" (aus einer Handschrift im 11. Jahrhundert), „zween Füchs in einer höle fahen" oder „zween Brey in einer Pfannen kochen". Dass von den zahlreichen Varianten die mit den Fliegen allein übrig blieb, hängt möglicherweise damit zusammen, dass sie die jüngste war. Gleichzeitig ist sie auch die bildhafteste. Schließlich erfahren wir am häufigsten, wie schwierig es ist, zwei (uns gerade lästige) Fliegen mit einer Fliegenpatsche zu erschlagen. Wer dagegen sieben (Fliegen) mit einem Streich (einer Klappe) schlagen will (kann), ist entweder das tapfere Schneiderlein oder ein Prahlhans.

FLÖHE husten hören Mit Ausnahme eines freiwilligen Besuchs im Flohzirkus halten wir sonst verständlicherweise wenig von diesen Ektoparasiten. Früher zur menschlichen „Normalausstattung" zählend, egal ob arm oder reich, kommen wir heute in unseren Breiten mit Flöhen nur noch über die Haustiere Hund, Katze und Schwein in Kontakt. Als sie noch allgegenwärtig waren, entstand auch die Redensart „die Flöhe husten hören" zur Umschreibung überkluger, äußerst spitzfindiger und misstrauischer Menschen. So liest es sich in Abraham Santa Claras „Todten-Capelle": „Er hört das Gras in den Elisischen Feldern wachsen, und die schwindsüchtigen Flöh, in Seraglio zu Constantinopel, biß auf Paris, husten." Noch etwas derber pflegt man es bis heute im rheinischen Dialekt: „Er hert de Fleh am helle Dag furze." Daneben gibt es Aufgaben, die „schlimmer" sind, als „einen Sack Flöhe zu hüten". Sebastian Franck fand beispielsweise schon im 16. Jahrhundert, dass „Weiber hüten" mindestens so schlimm sei wie „einer wannen vol flöh hüten." Hat sich daran bis heute Wesentliches geändert?!

Ein FROSCH im Hals „To have a frog in the throat" oder er/sie ist „froggy" (= heiser) pflegen die Engländer zu sagen. Diese weit verbreitete Redensart, die auch dann Verwendung findet, wenn ein Blasmusiker seinem Instrument einen falschen Ton entlockt, hat wohl einen medizinischen Hintergrund. „Ranula" ist ein medizinischer Fachausdruck für eine Geschwulst im Hals oder an der Zunge. Da ist der Weg nicht weit zu den Ranidae, der Familie der Echten Frösche, die bei uns mit dem Grasfrosch über den Springfrosch bis hin zum Moorfrosch vertreten ist. Manchmal sitzt einem nicht ein Frosch, sondern eine Kröte im Hals, die man auch noch schlucken muss. Doch dazu etwas später (s. S. 80).

„Sei kein Frosch!" ist dagegen als echte Aufmunterung zu verstehen im Sinne von „sei nicht ängstlich, zier dich nicht, sei mutig, tu's!" Frösche erscheinen uns Menschen besonders furchtsam. Sie springen schließlich bei der geringsten Störung ins Wasser und lassen sich auch sonst nicht gerne greifen. Weniger gut bei Mitmenschen kommt ein eingebildeter, hochmütiger Zeitgenosse an, der sich „aufbläst wie ein Frosch". Als Ursprung dieser Redensart gilt eine Fabel des Phaedrus (ca. 15 v. Chr. bis 50 n. Chr.), die von einem Frosch erzählt, der einen weidenden Ochsen um seine schöne Gestalt beneidete. Also fing der Frosch an sich aufzublasen, bis er schließlich zerplatzte. Manchen Menschen sieht man solche Übungen schon von weitem an, allerdings ohne das finale Ergebnis, das der Frosch in der Fabel damit erzielte.

Wo sich die FÜCHSE gute Nacht sagen

ist es ziemlich einsam, will die Redensart uns sagen. Im Simplicissimus sind es anstelle der Füchse die Wölfe: „Im Spessart, allwo die Wölfe einander gute Nacht geben." Gemeint ist damit, das Wölfe, Füchse und der später in der Redensart „wo sich Hase und Fuchs gute Nacht sagen" hinzugekommene Hase die Nähe menschlicher Ansiedlungen meiden. Doch die trifft für alle drei Arten so längst nicht mehr zu. Der Feldhase als ursprünglicher Steppenbewohner erreicht bei uns höchste Populationsdichten in Ackerbaugebieten mit hoher Bodenqualität und warm-trockenem Klima. Solche „Zuckerrübenböden“ finden sich beispielsweise in der Rheinebene, einer ziemlich dicht besiedelten, alles andere als einsamen Gegend. Und während die Wölfe in vielen Regionen aus gutem Grund durchaus respektvollen „Sicherheitsabstand“ zu ihrem größten Feind, dem Menschen, einhalten, überleben sie in Italien an Mülldeponien und suchen beispielsweise auch in Rumänien längst im Stadtmüll nach Nahrung in Ermangelung ihrer Hauptbeute, den größeren wilden Huftieren. Füchse schließlich sind längst zu richtigen Stadtbewohnern geworden. Von London bis Berlin sagen sie sich mitten in den Großstädten, in Parks und selbst auf Parkplätzen gute Nacht.

Dumme GANS wird bis heute gern als Schimpfwort für (meist jüngere), „dumme“ oder geschwätzige Frauen gebraucht. Hintergrund bildet wohl das für die meisten von uns – bis auf Selma Lagerlöf („Nils Holgerson“) oder Gänseverhaltensforscher wie Konrad Lorenz – unverständliche Geschnatter von Wild- und Hausgänsen. Gerade dieses Geschnatter der Gänse auf dem Kapitol, die dort zu Ehren der Göttin Juno gehalten wurden, sollte die eingeschlossenen Römer 387 v. Chr. vor einem Sturmangriff der Gallier warnen. Was zur Folge hatte, dass die wachsamen kapitolischen Tiere fortan bis zur Aufhebung des Jupiterkultes 388 n. Chr., also immerhin fast 800 Jahre lang, über zahllose Generationen gehegt und gepflegt wurden, um alljährlich am Jahrestag ihrer Rettungstat von den Römern auf Sänften und reich geschmückt in einer Prozession durch Rom getragen zu werden.

Lediglich die übergewichtigen, seit langem domestizierten Hausgänse, deren Leben zwar einfacher als das ihrer wilden Verwandten ist, deren Fitness und Sinnesschärfe, das Los aller Haustiere, aber sicher mit fortschreitender „Verhausschweinung" eingebüßt haben, könnte man als „dumme" Gänse ansehen, wenn sie in ihrem Watschelgang, den Bauch fast am Boden schleifend, schnatternd daherkommen.

Eine GÄNSEhaut bekommen

meint das gleiche, wie wenn Schweizer „eine Hühnerhaut kriegen" oder Franzosen Hühnerfleisch bekommen („avoir la chair de poule"). Wenn wir frieren oder uns heftig erschrecken, zieht sich unsere Haut zusammen und löst dabei eine Vorwölbung der Haarfollikel mit Aufrichten der Haare aus. Unsere Haut ähnelt dann der Haut einer gerupften Gans oder eines Huhns. Während das Frieren eher unfreiwillig auftritt, pflegen wir manchmal ganz gewollt unsere Gänsehaut – nämlich mit Gruselfilmen, -büchern oder -hörspielen. Ob bereits Hans Sachs eine „genshaut anfur" oder es „einem kalt den Rücken hinunterläuft": Schreck lass nach!

Im GÄNSEmarsch gehen die Jungtiere von Gänsen und Enten gerne dicht hintereinander in Kiellinie ihrer Eltern oder der Mutter. Seit den 1930er Jahren pflegten Leipziger Studenten diese Fortbewegungsart, während bei den Marburger Studenten der Ausdruck „Gänsemarsch“ nur dann zutraf, wenn sie hintereinander mit einem Bein auf dem Bürgersteig, mit dem anderen auf der Straße im lang-kurz-lang-kurz-Rhythmus schweigend durch die nächtlichen Straßen schritten. Ein bisschen „gösselhaft“ unreif, um nicht zu sagen kindisch, wirkt er schon, der Gänsemarsch, zumal kleinere Kinder oft das größte Vergnügen dabei empfinden.

Weiß der GEIER! Sein Job als Aasfresser – und damit als Gesundheitspolizist und „Hygienebeauftragter“ – hat dem Geier wenig Ruhm eingebracht. Gleich dem Raben, der ebenfalls Aas verzehrt, hat er mindestens seit dem 15. Jahrhundert seinen schlechten Ruf weg. Wer „pfui Geier!“, „Hol dich der Geier!“ oder „Weiß der Geier!“ ruft, stößt üble Verwünschungen aus und meint eigentlich damit den Teufel. Denn der Geier steht stellvertretend für den Satan, zu dem man manche verwünscht, den man aber ungern in den

Mund nimmt. Selbst in Landschaften, in denen der Vogel nicht geläufig war, konnten derartige Verwünschungsformeln vordringen. „Wenn de nuer bin Geier wärscht!“, „wünscht“ man einem unangenehmen Mitmenschen im Elsass.

Da wächst kein GRAS mehr

Der Biss in ein leckeres Käsebrot lenkt das Geschmacksempfinden zwar eher in eine andere Richtung, aber dennoch sind etliche Nahrungsmittel vom Müsliriegel bis zum Sirloin-Steak tatsächlich nichts anderes als umgeformte pflanzliche Biomasse, die einmal als Gras auf Acker oder Weide stand. Wüchsige Gräser sind demnach für die menschliche Ernährung viel wichtiger, als man gewöhnlich annimmt. Wo kein Gras mehr wächst, sieht es folglich völlig hoffnungslos aus. Diesem Ausdruck liegt der oft beschworene Mythos zu Grunde, dass Geister, Hexen oder gar der Teufel bei ihrer nächtlichen Disco in Wald und Flur die Vegetation nachhaltig stören. Später übertrug man diese Vorstellung auf die den Hunnen unter Attila sowie den durch Prinz Eugen vor Wien gestoppten Türken zur Last gelegten Verwüstungen. Gleichlautende Redewendungen kennt man übrigens auch in Frankreich und Großbritannien.

Oft wächst aber selbst über schlimme Ereignisse doch wieder Gras, und manche Leute bekommen das angeblich sogar über die Ohren mit: Mit der Redensart „das Gras wachsen hören“ spottet man über einen vermeintlich überklugen Zeitgenossen, der schon im Vorfeld immer über alles informiert ist. Mit diesem Bild charakterisiert schon im 13. Jahrhundert die altisländische Liedersammlung der Jüngeren Edda (27. Kapitel) den offenbar scharfsinnigen Götterwächter Heimdall. Die durch munteres Wachstum mancherlei Probleme überdeckende Grasnarbe verweist auf alte, längst beigelegte Streitereien, die das Gedächtnis bereits gelöscht hat. Bei Wilhelm Busch liest man dazu folgenden Anschlussbefund: „Wenn über einer dummen Sache mal endlich Gras gewachsen ist, kommt sicher ein Kamel daher, das alles wieder runterfrisst."

Den sticht der HAFER

Unter den in Mitteleuropa angebauten Getreiden sind die Ährchen des Hafers im Unterschied zu Gerste und Roggen kurz und biegsam begrannt. Deshalb verwendete man Haferstroh früher recht gerne zum Füllen der üblichen „Strohsäcke", der Vorläufer moderner Matratzen. Hafer sticht also gar nicht – oder höchstens Supersensible vom Typ Prinzessin auf der Erbse. Die Redensart bezieht sich ursprünglich auch gar nicht auf den Liegekomfort, sondern meint die Stimmungslage der Pferde. Angeblich werden sie, wenn sie zu viel Hafer fressen, übermütig und ungeduldig. Die angeblichen Sticheleien des Hafers erfolgen demnach innerlich. Und so redet man auch über jemanden, der eine Sache nicht abwarten kann und extrem unruhig ist.

HAHN im Korb

sein möchte – zumindest wenn er ehrlich ist – wohl jeder heterosexuelle Mann. Dann wäre er nämlich als einziger in jeder Gesellschaft von Hennen (Frauen) umschwärmt, von diesen bewundert und begehrt. Mit Korb kann der ganze Hühnerhof gemeint sein, auf dem der Hahn als einziges männliches Wesen eine wichtige biologische Funktion zu erfüllen hat. Es könnte aber auch der Korb angesprochen sein, in dem die Hühner zum Markt gebracht wurden. Oder es handelt sich um den Korb, in dem die Hähne vor den Hahnenkämpfen dem Publikum präsentiert werden, ein „Sport", der heute noch in manchen romanischen Ländern praktiziert wird. Die ältere Form dieser Redensart bei Hans Sachs und anderen lautet nämlich „der beste Hahn im Korbe sein". Und das ist ja auch schon was! So sprechen die Niederländer: „Henn denkt, de beste haan in den korf te zijin." Es lebe das Selbstbewusstsein … Verfolgen wir den erotischen Pfad des Hahnes noch etwas weiter, können wir feststellen, dass der „Hahn" auch als vulgärsprachlicher Ausdruck für Penis verwendet wird. Wenn wir den „Korb" als Umschreibung für Bett ansehen („Husch, husch ins Körbchen!"), dann könnte mit „Hahn im Korb" auch der beste Mann im Bett gemeint sein. Wo dann ein solcher „Haupthahn" (Lover) „den Hahn krähen lässt" (koitiert), sollte er zur Vermeidung weiterer Verwicklungen wenigstens „den (seinen) Hahn rechtzeitig zudrehen" (Coitus interruptus).

Heraushörbare Besonderheit der Hähne ist ihr Krähen. Wo ein Dorf ist, zumindest war das früher so, krähen auch die Hähne. So entspricht die Redensart „die Hahnen krähen, das Dorf ist nicht mehr weit“ dem französischen Ausspruch „revoir le coq de son clocher“, die nahe Heimat ist bald wiederzusehen. Umgekehrt sind wir da, „wo kein Hahn kräht“ weitab von jeder menschlichen Siedlung. Zu weit vom Dorf abgelegene Felder wurden früher schlecht bewirtschaftet und daher im Rheinländischen mit dem Satz „dat Feld huert de Hahn net krihe“ bedacht. Sehr weite Verbreitung hat die Redensart „da kräht kein Hahn (da)nach“. Eine solche Begebenheit, Sache oder auch der Mensch selber ist in diesem Fall äußerst unbedeutend und ohne Interesse für andere. Dann möchte man schon lieber der Hahn im Korb sein.

(Zusammen-)HAMSTERn

Hervorstechendes Merkmal unseres Feldhamsters *Cricetus cricetus* ist seine Vorratswirtschaft. In seinen Backentaschen trägt das 220 bis 460 Gramm leichte, bunt gefärbte Tierchen ein bis zwei Kilogramm, gelegentlich sogar bis zu 15 Kilogramm Vorräte in Form von Getreidekörnern in seinen Bau. Während kurzer Unterbrechungen seines vom September bis Februar dauernden Winterschlafs im Hamsterbau unter der Erde, zehrt er davon, um dennoch bis zum Frühjahr zwischen 20 und 30 Prozent seines Körpergewichtes zu verlieren. Das Sammeln und Eintragen dieses Nagetieres wurde zum Synonym für menschliches Vorratssammeln, zum Hamstern. Bis heute sind zu Zeiten, in denen bestimmte Ressourcen knapper werden, von Lebensmitteln bis zu fossilen Brennstoffen, Hamsterkäufe üblich. „Zusammenhamstern“ hat aber auch einen etwas asozialen Touch: Wer selber viel hamstert, enthält anderen etwas vor. Besonders dann, wenn er seine Vorräte nicht nachher bereit ist mit anderen zu teilen. Und da sind manche Menschen „ganz Hamster“, ebenso ungesellig wie *Cricetus cricetus*.

Das ist ja HANEBÜCHEN Als grob, derb, handfest oder – im erweiterten Sinne – rücksichtslos, flegelhaft, unverschämt bzw. absurd oder eben hanebüchen charakterisiert man einen so nicht akzeptablen Sachverhalt, beispielsweise eine freche Unterstellung, eine behördliche Fehlentscheidung oder eine unglaubwürdige Geschichte. Der Begriff leitet sich von der Hainbuche ab, die in Norddeutschland auch Hage- oder Hanebüche heißt. Ihr helles, druckfestes, zähes und hochelastisches Holz, das man wegen seiner mechanischen Eigenschaften früher in der Stellmacherei und heute vor allem für Sportgeräte (beispielsweise Billardqueues), Werkzeuggriffe sowie im Musikinstrumentenbau (Klaviermechanik) einsetzt. Die grobklotzigen Eigenschaften des Holzes, das übrigens nicht besonders verwitterungsfest ist, hat man auf unfeines Verhalten oder unbedachte Sprüche übertragen.

Da liegt der HASE im Pfeffer Wenn er darin liegt, ist er schon längst tot, gehäutet, in einer würzigen Brühe zubereitet (Hasenpfeffer) und wartet auf seinen Verzehr. Schon seit dem 13. Jahrhundert gibt es über diese Redensart schriftliche Belege. „Keiner aber weiß, wo der Haas im Pfeffer liegt, als der ihn angerichtet oder helfe essen“, schreibt Philander. Ursprünglich wollte man mit dieser Redensart wohl andeuten, dass da ein Unglücklicher in der Patsche sitzt, dem nicht geholfen werden kann – ein Bild, das so ähnlich auch mit der eingebrockten Suppe gezeichnet wird, die selber ausgelöffelt werden muss. Heute meint man mit dieser Redewendung wohl eher den Punkt eines Problems, auf den es ankommt. Erkannte Schwierigkeiten lassen sich halt besser umschiffen oder lösen als unerkennbare. Solange der Hase noch lebt und man ihn erlegen wollte, war es für den

Jäger wichtig zu „wissen, wie der Hase läuft“. Schließlich haben Hasen als Fluchttiere mit Laufzeiten von bis zu 70 Stundenkilometern ihre eigene Technik, den zahlreichen behaarten, weniger behaarten und gefiederten Fressfeinden wie Raubsäuger, Jäger und Greifvögel zu entgehen: Sie schlagen Haken. Wer die wechselnde Fluchtrichtung dabei vorausberechnen kann, der hat dennoch so gut wie gewonnen und darf – schon mal voraussehend – den „(Hasen-)Braten riechen“.

Mein Name ist HASE Während bis jetzt immer die tierischen Vorbilder für hasenhaftes Verhalten herhalten mussten, hat die obige Redensart gar nichts mit irgendwelchen Eigenschaften der Hasentiere zu tun. Vielmehr war es ein Heidelberger Student mit Namen Viktor Hase, der einem Kommilitonen die Flucht nach Frankreich ermöglichte. In den Erinnerungen seines Bruders hört sich die Geschichte so an: „Ende des vorigen Semesters 1854/55 hatte mein Bruder (Viktor) einem Studenten einen Dienst erwiesen. Dieser hatte das Unglück gehabt, im Duell einen anderen zu erschießen, war auf der Flucht nach Heidelberg gekommen, von wo er in Straßburg über die französische Grenze wollte. Dieser Student wandte sich an Viktor um Zuflucht und Hilfe. Nun war jeder Missbrauch der Studentenlegitimationskarte streng verboten, aber es ließ sich nicht verbieten, die Karte zu verlieren. Viktor verlor sie, jener fand sie, kam glücklich über die Grenze und ließ die Karte wieder fallen. Sie wurde gefunden und als verdächtig dem Universitätsgericht übersandt. Zur Untersuchung gezogen, äußerte sich der junge Jurist sofort: „Mein Name ist Hase, ich verneine die Generalfragen, ich weiß von nichts!“ Kein Wunder, dass der clevere Spruch eines „harmlosen Hasen“ schnell die Runde machte. Auch wenn die Auskunft nicht ganz „hasenrein“ war. Und da sind wir beim Jäger und dem Gejagten zurück.

In der Waidmannssprache ist ein Hund dann „hasenrein“, wenn er für die Hühnerjagd ausgebildet wurde und dabei keinen Hasen hetzt. „Nicht ganz hasenrein“ können Hasen jagende Hühnerhunde, bestimmte, verdächtige Dinge oder auch manche Menschen sein.

Der ist ein HASEnfuß

Bis zum 14. Jahrhundert war der Hasenfuß (mittelhochdeutsch *hasen vüz*) Ausdruck für einen schnellen Läufer. In England ist heute noch „hare foot“ eine anerkennende Umschreibung für einen guten Läufer. Dagegen hat sich bei uns das Bild des Hasenfußes im Verlauf der Geschichte grundlegend gewandelt. Von Goethe bis Schiller sind Hasenfüße unsichere Menschen ohne Courage. Oft haftet ihnen dabei auch noch etwa Albernes oder Geckenhaftes an. „Angsthase“ zielt in die gleiche Richtung. Wer mit diesen Eigenschaften ausgestattet ist, „ergreift“ schnell „das Hasenpanier“. Er läuft davon und sucht sein Heil in der Flucht. Wobei das tierische Vorbild noch seinen Schwanz mit der reinweißen Unterseite, die so genannte Blume, wie ein Banner in die Höhe reckt. Ein echtes „Hasenherz“ eben! „Und das schreckt dir, Hasenherz?“, wird der Feigling in Schillers „Räubern“ abgetan. Dagegen zollen wir „alten Hasen“, souveränen Menschen mit langjähriger Erfahrung, unseren vollen Respekt.

Der HECHT im Karpfenteich

Regungslos steht der lang gestreckte Hecht zwischen den Unterwasserpflanzen. An seinem langen Kopf sitzen große, mit Zähnen bewaffnete Kiefer. Die weit hinten am Körper stehenden Rücken- und Afterflossen sind für Lauerjäger unter den Fischen charakteristisch, die aus der Ruheposition heraus plötzlich nach ihrer Beute vorschnellen können. Der gelbgrün gesprenkelte Hecht hebt sich durch seine nahezu perfekte Tarnung gegen den Pflanzen-Hintergrund kaum ab. Nur seine sanften Flossenbewegungen deuten sein langsames Näherrücken an die Beute, einen Karpfen, an. Schließlich packt der Hecht nach einem unglaublich schnellen Vorwärtsstoß sein bis dahin ahnungsloses Opfer seitlich mit den Kiefern, bringt den kleinen Karpfen in die richtige Lage und verschlingt ihn. Wenn wir die Jagdtechnik des Hechtes mit der Redensart sprichwörtlich nehmen, stimmen beide nicht besonders gut überein. Nach diesem Bild spielt ein Mensch (Hecht) eine aufrüttelnde Führungsrolle innerhalb einer trägen Masse (Karpfen). In Wahrheit verhält sich ein Hecht äußerst unauffällig, auf seine Chance lauernd, um diese blitzschnell und ohne jede Vorwarnung wahrzunehmen. Dennoch hat die Vorstellung von einem Tier/einer Persönlichkeit, das/die andere durch Hin- und Herjagen nicht träge und fett werden lässt, etwas. Nur solcherart Rollenverteilung findet sich eher im sportlichen Bereich zwischen Trainer und zu Trainierenden. Der Hecht im Karpfenteich will aber seine Karpfen nicht trainieren, sondern einfach nur fressen. Im 19. Jahrhundert wurde der Hecht im Karpfenteich politisch: So wurde Napoleon III. der „Hecht im Karpfenteich Europas“ genannt und Bismarck im „Kladderadatsch“ als Hecht-Karrikatur dargestellt. Dieser wiederum sagte in einer Reichtagsrede: „Die Hechte im europäischen Karpfenteich (Frankreich/Russland) hindern uns, Karpfen zu werden.“

Von tollen HECHTen und Hechtsuppe

Ein „alter oder toller Hecht“ ist ein Draufgänger, Lebemann oder Weiberheld – manchmal auch alles auf einmal. Vielleicht spielt bei diesem Vergleich der Volksglaube an die Langlebigkeit und andauernde Geschlechtskraft des Hechtes eine Rolle. „Hier zieht's wie Hechtsuppe“ wird ausgerufen, wenn ein unangenehmer, kalter Luftzug durch die Räume weht. Ob die Redensart vom langen Ziehen Müssen der Fischsuppe oder eher vom jiddischen *hech supha* (= wie eine Windsbraut/wie ein Sturmwind) herrührt, bleibt Geschmackssache wie die Hechtsuppe selber. Von einem „Hecht“ im Zimmer spricht man, wenn ein ganzer Raum von dickem Tabaksqualm erfüllt ist. Studenten haben diesen Ausdruck salonfähig gemacht, der möglicherweise aus dem Adjektiv hecht (= dicht) substantiviert wurde.

Ein HEIMCHEN am Herd

will heute niemand wirklich haben, eine treusorgende Haus- und Ehefrau, die außer ihrer Familie keine anderen Interessen hat (oder doch?). Eigentlich ist mit dem Heimchen aber ein glücksbringender Hausgeist gemeint, dem Charles Dickens in seiner Weihnachtserzählung „Criket on the hearth“ (1846) ein literarisches Denkmal setzte. *Acheta domesticus* heißt es in echt und wissenschaftlich korrekt, das bis zu zwei Zentimeter lange, zur Familie der Grillen zählende Heimchen. Vorwiegend Häuser, im Sommer auch Müllplätze, sind seine beliebtesten Aufenthaltsorte. Und wenn wir's uns noch mal recht überlegen: Hätte nicht manchmal doch ein „zweibeiniges“ Heimchen am häuslichen Herd so seine Vorteile? Natürlich sollte es uns, bei aller Häuslichkeit, auch erotisch ansprechen. So sind sie halt, nicht die Heimchen, aber die Männer.

Auf dem HOLZWEG sein

Wer statt GPS-gestützter Navigation in unbekanntem Gelände mit der konventionellen Wanderkarte unterwegs ist oder sich auf seinen Spürsinn verlässt, geht mitunter in die Irre, weil manche Pfade, die wie Wege aussehen, tatsächlich keine sind und ins Nichts führen. So legt die Forstverwaltung rechts und links von den Hauptwegen abzweigende Stichpfade zu einzelnen Waldparzellen an, auf denen nur das gefällte Holz abtransportiert ist. Wer hier von der Hauptroute auf einen Seitenpfad gerät, findet sich also auf dem Holzweg und kommt folglich auch nicht an das angepeilte Ziel. Schon im Mittelhochdeutschen finden sich ähnliche Bezeichnungen, die man bald auch im Sinne von Irr- und Abwegen verwendete. Der Philosoph Martin Heidegger betitelte mit „Holzwege" sein 1950 erschienenes Buch. Ob er die potenziellen Leser damit vor eventuell abwegigen philosophischen Traktaten warnen wollte?

An dem ist HOPFEN und Malz verloren

Nach dem Reinheitsgebot des bayerischen Landtags von 1516, dem ältesten unverändert gültigen Lebensmittelgesetz der Welt, darf Bier nur aus Gerstenmalz, Hopfen und Wasser durch alkoholische Gärung hergestellt werden. Im Prinzip ist die Technik der Bierbereitung noch wesentlich älter und lässt sich über mindestens vier Jahrtausende zurückverfolgen. Da die Bierhefe die Kohlenhydrate der Braugerste nicht direkt vergären kann, müssen die Getreidekörner erst keimen und dabei ihren Stärkegehalt in vergärbaren Malzzucker umbauen lassen. Der Hopfen (übrigens morphologisch und chemisch mit Rauschhanf bzw. Haschisch eng verwandt) liefert die geschmacksbildenden und konservierenden Zusätze – ein im Prinzip einfacher und durchschaubarer Vorgang. Bier zu brauen ist jedoch eine hohe Kunst (wenn nicht gar eine besondere Wissenschaft) und in Deutschland sogar an einer (natürlich bayerischen) Hochschule zu erlernen. In früherer Zeit versuchte man sich daran auch im kleineren Maßstab und sozusagen nur für den Hausgebrauch. Wegen mangelnder Erfahrung oder technischer Unzulänglichkeiten ging der Brauvorgang gelegentlich völlig daneben – dann waren die kostbaren Rohstoffe Hopfen und Malz eben unwiederbringlich verloren und alle Mühe umsonst. Diese trübe Erfahrung übertrug sich mit der Zeit auf Unverbesserliche, die ihr Verhalten trotz aller Ermahnungen nicht ändern, oder auf eine Sache, die als unrettbar gilt.

Dummes **HUHN** ist ein häufig gebrauchtes, jedoch recht harmloses Schimpfwort für etwas einfältige, weibliche Wesen. Die anderen Attribute wie „armes, blindes, krankes oder verrücktes Huhn" reihen sich in diese Tier–Mensch–Betrachtungen lückenlos ein, manchmal noch, vor allem im Zusammenhang mit krank und arm, mit der Verniedlichungsform „Hühnchen" verbunden. Umgekehrt wird der männliche Teil des Haushuhns eher respektvoll mit „stolzer Hahn" tituliert. Wie immer sind solche Betrachtungsweisen subjektiv. Die nach dem Hund zu den ältesten Haustieren gehörenden Hühner sind seit Jahrtausenden Wegbegleiter des Menschen. Wenn dann im Hühnerhof vor unseren Augen sich Szenen abspielen, bei denen wir teilweise an menschliche Verhaltensweisen erinnert werden, konnte sich schon mal der Eindruck von „dummen Hühnern" aufdrängen, die sich, fernab jeder Emanzipation, einem Hahn unterordnen, um diesem „blind" zu folgen. „Auch ein blindes Huhn findet manchmal noch ein Korn" will sagen, dass auch ein wenig gescheiter oder raffinierter Mensch gelegentlich Glück haben kann. Selbst unser Leben wird mit manchen Utensilien auf dem Hühnerhof verglichen: „Das Leben ist eine Hühnerleiter: kurz und beschissen“, oder „das Leben gleicht einer Hühnerleiter: man kann vor lauter Mist nicht weiter“. Für die Bekannt- und Beliebtheit des Hühnerhofs sprechen auch folgende Redensarten: „Du läufst herum wie ein Huhn, das nicht weiß, wo es sein Ei hinlegen soll“, oder „herumlaufen wie aufgescheuchte Hühner“. Beide dienen der Umschreibung von planlosem Umherlaufen und Suchen. Schließlich vergleicht man Menschen, die dicht nebeneinander aufgereiht sitzen mit „Hühnern auf der Stange“. Dies gilt besonders für jüngere Menschen weiblichen Geschlechts. Wenn die dann noch hübsch und nett sind, wäre man gerne „Hahn im Korb“ oder auch „toller Hecht“. Letzter hat allerdings zoologisch gesehen überhaupt nichts im Hühnerstall zu suchen, höchstens als Rest einer Suppe.

Bekannt wie ein bunter HUND

Über den man so spricht, der kann sicher sein, einen hohen, allerdings nicht unbedingt erstrebenswerten Bekanntheitsgrad zu besitzen. Eine Person, die bekannt ist wie ein bunter Hund, fällt auf, so wie ein mehrfarbig gezeichneter Hund aus der Masse der ein- oder zweifarbigen Vierbeiner uns ins Auge springt. Zumal der Hund von seinem Ursprung her ein einfarbiges Fell trug und auf den Namen Wolf hörte. Von ihm, der am weitesten verbreiteten Wildtierart unter den Säugetieren, stammen alle ab – die Jagd-, Schlitten-, Wach-, Hüte-, Spür- und Schoßhunde. Zu keinem anderen Haustier hat der Mensch eine so enge und emotionale Beziehung entwickelt wie zum Hund. Beide leben seit dem ausgehenden Eiszeitalter zusammen. Alles begann wohl mit nur wenige Wochen alten Jungwölfen, die Jäger auf ihren Streifzügen fanden und zu ihren Wohnplätzen mitnahmen. Als Rudeltiere mit hoch entwickeltem

Sozialverhalten und deutlichen hierarchischen Strukturen wurden die Wölfe Mitglieder der menschlichen Jäger- und Sammlergruppen. Die gezähmten Wölfe pflanzten sich wohl auch im Bereich der menschlichen Wohnplätze fort, wobei eine gelenkte Zucht, an deren Ende der domestizierte Hund stand, erst viel später erfolgte. In den Redensarten spiegelt der Hund sowohl das Bild des Elenden, Feigen und Falschen wider, wie auch das von Wachsamkeit und Treue. Allein die Liste der Hundeschimpfwörter ist lang und reicht von Lumpen- über Himmel- und Höllenhund bis zu blöder, feiger, frecher und scharfer Hund. Hundsgemein, hundeelend, hundeschlecht, hundemüde, Hundeleben, Hundewetter sind weitere Umschreibungen für unangenehme Zustände und Situationen. Die dualistische Betrachtungsweise ist Ausdruck der Beliebtheit wie der Kenntnis unseres Haustiers Hund: Sie sind zwar unsere treuesten Begleiter, werden von uns aber immer auch dominiert und kehren – oft genug geschlagen, getreten und schlecht behandelt – ihrem Hunde(Wolfs)verhalten folgend dennoch winselnd zu uns zurück.

Da liegt der HUND begraben

Da liegt der HUND begraben meint „das ist die Ursache des Übels, der Schwierigkeiten, darauf kommt es an". Die Herkunft der Redensart ist zweifelhaft. Vielleicht wird damit auf den schwarzen Schatzhüterhund in der Volkssage Bezug genommen. Der schwarze Hund könnte auch an Stelle des Teufels als Schatzwächter stehen, der ja häufig Hundegestalt annimmt. Widersprüchlich bleibt aber, warum anstelle des Schatzes der Schatzhüter dort begraben liegen soll. Wusste man, wenn man den Ort kannte, wo der Hund begraben war, um etwas Besonderes, vielleicht ein Geheimnis? Nicht selten soll der Geizige nach seinem Tod in Hundegestalt Schatzgräber von seinem vergrabenen Reichtum abgeschreckt haben.

Dicker HUND

Damit ist keineswegs ein zu gut gemästeter, bewegungsarmer Vierbeiner gemeint. Ein „dicker Hund“ ist vielmehr, wenn sich einer einen groben Fehler, ein Fehlverhalten leistet, das zum Nachteil für andere gereicht. Zwar ist die Redensart vom „dicken Hund“ wohl erst im 20. Jahrhundert aufgekommen. Vielleicht hat sie dennoch ihren Ursprung im Mittelalter. Da galt es als schwere Beleidigung, wenn man als Gabe einen fetten (dicken) Hund hingeworfen bekam.

Den letzten beißen die HUNDe

Wie ihre wölfischen Vorfahren, sind Hunde von Haus aus Hetzjäger. Wölfe jagen sehr selektiv, das heißt junge, sehr alte, kranke und geschwächte Beutetiere werden von ihnen bevorzugt angegriffen. Wenn ein Wolfsrudel oder eine Hundemeute ein Rudel Beutetiere hetzt, wird meist das aus obigen Gründen „letzte“ Tier aus der Gruppe ihr Opfer. Und so geht es auch einem aus einem menschlichen Team, der als Schwächster der Gruppe von Konkurrenten, Kritikern, Verfolgern „gebissen“ wird.

Vor die HUNDe gehen heißt verkommen, verludern. Krankes und schwaches Wild wird, wie gesehen, leichte Beute der Wölfe, wo diese fehlen, leichtes Opfer der (Jagd-)Hunde. Ähnlich geht es Menschen ohne Widerstands- und Willenskraft. Sie verludern und gehen in unserer Gesellschaft unter. Auch die Redensart „mit (von) allen Hunden gehetzt" hat jagdlichen Hintergrund. Wer erfahren und schlau ist, wie manches Beutetier, kann den hetzenden Hunden entkommen und sich allen Gefahren entziehen – eine Situation, die nicht angenehm ist, im Berufsleben aber leider häufig vorkommt, uns in Trab hält – und wenn wir sie meistern – auch schlauer und erfolgreicher macht.

Keine schlafenden HUNDe wecken Wer schlafende Hunde weckt, besonders wenn es nicht seine eigenen sind, muss damit rechnen, von ihnen nicht nur verbellt, sondern auch gebissen zu werden. Ähnlich kann es uns gehen, wenn wir die von unseren Absichten, unserem Vorhaben betroffenen Menschen auf etwaige Unstimmigkeiten oder für sie damit verbundene Nachteile aufmerksam machen. Obwohl wir die darauf folgenden Reaktionen, Bellen und Beißen, durchaus verdient hätten! Ein ähnliches Bild wird bemüht, wenn es heißt „den Hund bös (wütend) machen“, also jemanden reizen oder aufstacheln. Hierzu gibt es eine nette, satirisch gemeinte Abbildung aus dem 18. Jahrhundert, die sich gegen solche Frauen wendet, die ihre sanftmütigeren Männer durch Aufstacheln wütend (bös) machen. Nachdem man das „zij maekt den hond boes“ auch im Niederländischen kennt, scheint es tatsächlich so zu sein, dass manche dominanten Frauen ihren unterwürfigen Mann (Hund) so lange reizen, bis er bellt und beißt, oder doch nicht?!

Heulen wie ein SchlossHUND

Wer glaubt, dass damit ein blaublütiger Hund gemeint sei, ist auf dem Holzweg. Vielmehr ist es der angekettete, „angeschlossene“ Hund, der sich als Rudeltier allein gelassen fühlt und deshalb laut und viel heult. Gott sei Dank gehört das Bild solcher Kettenhunde heute meist der Vergangenheit an. Doch

auch viele Zwingerhunde fühlen sich als „arme Hunde“ und verleihen ihrer Verlassenheit lautstarken Ausdruck. Dem stehen manche Menschen in nichts nach. Ist nämlich etwas ganz schlimm, muss man nicht wie ein Mensch weinen, sondern wie ein Tier, nämlich wie der Hund an der Kette, aufheulen, wobei die Stärke des Klagens Maß für die Größe des Übels und Leids ist.

Eine Sache verHUN(D)zen Etwas gut Angefangenes schlecht zu Ende bringen, verunzieren, schlechte Arbeit leisten, einen angenommenen Auftrag fehlerhaft ausführen – das alles heißt „etwas verhunzen“. Doch was kann ein armer Hund dafür?

Wilde HUMMELn Nicht die bunt behaarten Bienenverwandten sind damit gemeint, die bei den ersten warmen Sonnenstrahlen, wenn Krokusblüten sich öffnen und Weidekätzchen erblühen, uns als flügelbrummende Frühlingsboten begegnen. Vielmehr sind ausgelassen umherschwärmende Mädchen und jüngere Frauen die wahren „wilden Hummeln“. So beschreibt Wilhelm Hauff 1825: „Das Haar, das ... der wilden Hummel in unordentlichen Strähnen um den Kopf flog“ und noch früher, nämlich 1729, machte man auf den Schlendrian mancher Mägde mit der Feststellung aufmerksam „... solche junge wilden wüsten Hummeln.“ Einige – darunter auch jüngere Männer – können nicht einmal ruhig sitzen, weil sie „Hummeln im Hintern“ haben, was schon Martin Luther wusste: „Er hat Hummeln ym arse!“

Passt wie der IGEL zum Taschentuch Herausragendes Merkmal des Igels ist sein Stachelkleid, bestehend aus etwa 16 000 graubraunen, zwei bis drei Zentimeter langen, ein Millimeter dicken Stacheln mit hellen Spitzen. Bei Gefahr rollt er sich durch ruckartiges Zusammenziehen seines Muskelpanzers zu einer Stachelkugel zusammen und wird so für die meisten seiner Feinde, Ausnahmen sind der Uhu und unser Auto, zu etwas Unantastbarem. Als Taschentuch ist der Igel daher kaum verwendbar, auch nicht „zum Arschwisch“ selbst in Damenhänden, so die derbere Form der Redensart aus dem 17. Jahrhundert. Es gibt halt Dinge, siehe Igel, die sich nun einmal zu bestimmten Zwecken wie z. B. als Putztuch (für die Nase oder andere Körperbereiche) überhaupt nicht eignen.

Das ist ja kalter KAFFEE Caffè freddo, Latte macchiato mit Vanilleeis, Eiskaffee und weitere köstlich-sommerliche Verheißungen aus der italienischen Eisdiele haben zwar alle mit ziemlich kaltem Kaffee zu tun, sind aber mit der relativ jungen Redensart tatsächlich nicht gemeint, auch nicht die eiskalten Cola-Getränke, die mit Kaffee zumindest die dunkelbraune Farbe und den heftigen Coffein-Gehalt teilen. Abgesehen von solchen verführerischen Abwandlungen des ursprünglich wohl unbedingt sehr heiß, womöglich auch süß und auf jeden Fall recht stark servierten Gebräus, dessen Name und geographische Herkunft arabisch sind, ist die kalte Variante im Allgemeinen wenig geschätzt: Als „kalten Kaffee“ bezeichnet man abgestandenes, veraltetes Zeug, das nun wirklich niemanden mehr interessiert. Von dieser Redewendung kennt die Umgangssprache sogar noch eine Steigerung: „Da kommt mir doch der kalte Kaffee wieder hoch!“ sagt man (eventuell), wenn man mit einer scheußlichen, widerwärtigen Situation konfrontiert wird.

Jemanden durch den KAKAO ziehen

Die süßeste Verführung, seit es Schokolade gibt, verdankt ihre Existenz einer schon ins 17. Jahrhundert datierenden Erfindung kubanischer Nonnen – sie dickten das schon bekannte, aus den Samen des südamerikanischen Kakaobaums hergestellte Kakaogetränk mit Kakaobutter, karibischem Zucker sowie ein paar weiteren Zutaten zu einer dicklichen Masse ein. Allerdings bleiben angesichts der tropischen Temperaturen gewisse Zweifel, ob dieses Produkt schon quadratisch oder praktisch war. Jedenfalls wurde es vor allem von den Spaniern begeistert aufgenommen und alsbald auch in Europa ebenso bekannt wie beliebt.
Sich eine Tasse Kakao (auf der Karte im Café steht vornehm „Trinkschokolade“ oder noch vornehmer „chocolad chaud“) reinzuziehen, ist zweifellos eine angenehme Vorstellung, durch den Kakao gezogen zu werden, sicherlich nicht. Aber wieso eigentlich Kakao? Die Redensart meint eigentlich gar nicht das Getränk, sondern verwendet den Kakao lediglich als einigermaßen tolerable Salonversion für die in der derberen Umgangssprache häufiger zitierten Endprodukte der Verdauung, die nach ihrem lateinischen Stammwort *cacare* genauso mit „Ka...“ anlauten. Die Kakao-Variante meint meist, jemanden zu veralbern, die ursprüngliche dagegen, eine Person oder Sache durch den Schmutz ziehen.

Ein KAMEL durch ein Nadelöhr treiben

Die Bibel führt eine bemerkenswert bilderreiche Sprache: Das Kamel, das durch ein Nadelöhr passen soll (Matthäus 19,24), steht für etwas Undurchführbares. Welche der beiden Kamelarten des Vorderen Orients gemeint ist, lässt das Matthäus-Evangelium allerdings offen. Es könnte die zweihöckerige, auch Trampeltier genannte Art sein oder die einhöckerige, die man auch Dromedar nennt. Freilebend ist sie ausgestorben, aber als Haustier bis heute häufig. Aber wieso gerade ein Nadelöhr? Archäologen haben darauf aufmerksam gemacht, dass es in der Stadtmauer des alten Jerusalem eine im Volksmund Nadelöhr genannte Pforte gab, durch die nur ein Mensch, aber kein Lasttier passte. Das könnte den bildlichen Vergleich inspiriert haben. Möglicherweise ist bei der Übersetzung des griechischen Urtextes jedoch der Begriff *kamelon* (= Kamel) mit *kamilion* (= Schiffstau) verwechselt worden.

Sie vermehren sich wie die KARNICKEL

Auch wenn die Ein-Kind-Familie heute vielerorts vorherrscht, gibt es sie noch, die Ausnahmen. Manche Paare haben halt überdurchschnittlich viele Kinder. Wenn die Geschwister dann noch nahezu post partum gezeugt werden, pflegt man zu sagen: „Sie vermehren sich wie die Karnickel". Allerdings pflegen die tierischen Vorbilder ein doch etwas anderes, als in unserem Kulturkreis übliches Familienleben. Kaninchen leben in haremsähnlichen Großfamilien, die aus einem Männchen, mehreren Weibchen und ihrer zahlreichen Nachkommenschaft bestehen. Innerhalb einer Sippe herrscht eine strenge Rangordnung. Zur Fortpflanzungszeit patrouillieren die Kaninchenmänner die Grenzen ihrer Territorien ab. Wo Einschüchterungsversuche durch Imponiergehabe nichts nutzen, können zwischen Konkurrenten schon mal kräftig die Haare fliegen. Brünstige Weibchen werden heftig umworben, indem die Männchen sie steifbeinig umkreisen, ihre „Blume“ präsentieren und die Umworbenen mit Sexualduftstoffen und Urin betören. Beim Geschlechtsakt umklammert der Kaninchenmann das Weibchen und vollführt dabei ebenso heftige wie kurze Kopulastöße, die ihm den Namen „Rammler“ eintrugen. Anschließend fällt er seitlich um und bleibt so manchmal für einige Sekunden reglos liegen. Bis zu neun Würfe pro Jahr mit maximal elf Jungen pro Wurf sind das Ergebnis der Karnickel-Liebesmühen. Die putzigen Wildkaninchen mit ihren kurzen Ohren, dem runden Kindergesicht und den großen Knopfaugen sind Stammeltern aller unserer unterschiedlichen Hauskaninchen-Rassen. Für die trifft das gleiche wie für ihre wilden Vorfahren zu. Auch sie vermehren sich, wenn man sie nur lässt, wie die Karnickel.

Die KASTANIEn aus dem Feuer holen

Unter Kastanien versteht man hierzulande in erster Linie die wunderschön glänzend braunroten und dazu so angenehm handschmeichlerisch gerundeten Samen der Rosskastanie, die mit Abstand größten Samenkörner in der heimischen Flora. Nicht nur Kinder, sondern auch Erwachsene können die frisch aus ihrer Kapselfrucht geplatzten Rundlinge einfach nicht liegen lassen, obwohl man praktisch nichts damit anstellen kann. In den südlichen Ländern meint man mit Kastanien die Samen der Ess- oder Edel-Kastanie, die mit der Rosskastanie nur über fünf Ecken verwandt ist. Die in nadelspitz gespickten Stachelkapseln verpackten Samen heißen auch Maronen. Traditionell röstet man sie in der Glut vom Kaminofen oder Holzkohlengrill. Die gegarten Kastanien aus dem Feuer zu holen, ist indessen nicht ohne Risiko, denn man kann sich dabei kräftig die Finger verbrennen. Sie gar für jemand anderen sicherzustellen, ist betont uneigennützig und steht bildlich für eine Unannehmlichkeit, die man freiwillig erledigt. Ursprünglich stammt diese Geschichte aus einer Fabel von Jean de La Fontaine, in der ein Affe trickreich eine Katze beschwatzt, ihm die Leckereien aus der Glut zu beschaffen.

Alles für die KATZ

Obwohl Katzen ein ganz anderes Wesen verkörpern als Hunde, sind sie nach diesen wohl das Haustier, zu dem Menschen die engsten emotionalen Bindungen entwickelt haben. Ihre Domestikation ereignete sich deutlich nach dem Hund und begann wohl damit, dass nach dem Sesshaftwerden des Menschen in Vorderasien die von Siedlungsabfällen und in Getreidespeichern lebenden Kleinnager hohe Anziehungskräfte auf Wildkatzen ausübten. Während die herumstreunenden Katzen zunächst wohl lediglich nur geduldet wurden, förderte der Mensch ihre Anwesenheit in seiner Umgebung, als man die positive Wirkung der Katzen als Schädlingsbekämpfer erkannte. Die enge, emotionale Beziehung zu unserem „Haustiger" schlägt sich in vielen bildlichen Redensarten nieder. So war „alles für die Katz", wenn wir uns umsonst bemühten. Weil sie, anders als der Hund, in unseren Augen die ihr gewährten Annehmlichkeiten wie etwa Futter so recht nicht dankt und sich nach Belieben schleicht, ist eben „alles für die Katz" und nicht für den Hund daraus geworden.

Die KATZE im Sack kaufen wird uns erstmals bei Till Eulenspiegel erzählt, bei dem eine Katze im Sack, als Hase deklariert, ihren Besitzer wechselt. Der bildliche Vergleich, etwas unbesehen zu kaufen und sich danach kräftig zu ärgern, reicht von Holland („een kat in de zak kopen") über Frankreich („acheter le

chat en poche“) bis Italien („comprare la gatta in sacco“). Heute wird die Redensart auch häufig zur Begründung des vorehelichen Geschlechtsverkehrs eingesetzt „Man(n) will doch schließlich keine Katze im Sack kaufen!“ Frau auch nicht! Wer aber „die Katze aus dem Sack lässt“, der gibt zu, dass er etwas Böses oder Gemeines vorhatte, als er sie in den Sack steckte. Das muss sich nicht unbedingt darauf beziehen, dass er die Katze als „Mogelpackung“ verkaufen wollte. Katzen wurden schließlich auch zum Ertränken in einen Sack gesteckt. Der Träger könnte sie aus Einsicht oder eher wohl noch aus Unvorsichtigkeit vor der Tat wieder herausgelassen haben. „Loss mol de Katz aus em Sack“ bedeutet im Rheinland: „Zeige, was du (vor mir) verbirgst.“

Da beißt sich die KATZE in den Schwanz

Wer hat noch nicht mit großer Freude verspielten jungen Kätzchen zugeschaut? Hinter allem was sich bewegt, rennen sie hinterher und versuchen es zu erhaschen. Egal ob es ein Wollknäuel, ein kleines Bällchen, die Spielmaus oder ein wandernder Lichtfleck an Boden und Wand ist. Wenn sie beim Drehen um die eigene Achse plötzlich ihr Schwänzchen vor sich sehen, wird selbst dieses attackiert und vorsichtig hineingebissen. In der Redensart bringt solches Tun den Handelnden nicht weiter, ist eine sich im Kreis (um sich selbst) drehende Kausalität, ein circulus vitiosus. Für die Entwicklung der Kätzchen zur Katze macht es dennoch einen Sinn. Schließlich dient das ganze Spielen, einschließlich das sich selber in den Schwanz Beißen, zum Schärfen der Sinne und Üben von Jagdtechniken. Wer dagegen die Katze am Schwanz hat, hat eine Sache fest im Griff.

Die KATZE lässt das Mausen nicht

Selbst bestbehütete „Dosenkatzen“ verspüren ihn noch in sich, den unstillbaren (Jagd-)Trieb auf Mäuse und andere Kleinsäuger. Wenn sich nur die Gelegenheit ergibt, wird aus der bravsten Sofakatze ganz plötzlich wieder die Mäusejägerin oder, zum Leidwesen vieler Naturfreunde, auch eine Vogeljägerin. Warum sollte es uns anders gehen als unserer Katze? Auch wir leben oft mit angezogener Handbremse und unterdrückten Trieben. Doch wehe, wenn wir losgelassen oder los lassen ... Wer auf die Jagd (nach Mäusen) gehen will, sollte das nicht laut verkünden, denn schließlich hängt sich die Katze auch keine Schelle an, wenn sie auf Mäusejagd geht! „Katze und Maus“, ein ewiges Spiel!

KATZEnjammer Nach starkem Alkoholgenuss am nächsten Tag mit einem „Kater" aufzuwachen, ist ein Gefühl, das viele kennen und auf das (fast) alle gerne verzichten würden. Wobei der Kater wohl eher die Kurzform von „Katzenjammer" ist, der ursprünglich „Kotzenjammer" hieß und die eingangs beschriebene Situation besser umreißt als jeder Katzenvergleich.

KATZEnwäsche halten

Im Gegensatz zu Hunden scheuen die meisten Katzen das Wasser. Zumindest unsere Hauskatzen lecken sich aus Reinigungsgründen nur das Fell ab. Wer so sparsam mit Wasser umgeht, macht eine „Katzenwäsche". Werden Katzen zufälligerweise einmal richtig nass, sieht man ihnen das Unwohlsein geradezu an. „Nass wie eine Katze" fühlen wir uns bei unfreiwilligen, kälteren Duschen, etwa wenn wir von einem Platzregen überrascht wurden.

Ein komischer KAUZ

Fast jeder kennt im engeren oder weiteren Bekanntenkreis einen Menschen, der sich nicht in die Gemeinschaft einbringt, sondern als merkwürdiger Außenseiter zwar etwas belächelt, aber grundsätzlich geduldet wird. Es war der Steinkauz, der zum Namensgeber für einen solchen, harmlosen Sonderling wurde. Sein deutscher Name leitet sich vom mittelhochdeutschen *küze* ab, was so viel wie Schreihals bedeutet. Als Fels- und vor allem Gebäudebrüter sucht er traditionell die Nähe zum Menschen, worauf der Name „Stein“kauz hindeutet. Weil er gerne nachts erleuchtete Fenster von Krankenstuben anflog, dort Insekten suchte und dabei noch seine Rufe ertönen ließ, wurde der Steinkauz im Volksglauben zum Unglücks- und Totenvogel, der mit seinem „kiwit“ (= Komm mit!), „gug-gu“ (= Komm zur Ruh!), „wit-wit-wit“ (= morche kümst auf Totebritt!) Todkranke aufforderte, ihm zu folgen. Schon im 16. Jahrhundert bezeichnete man menschenscheue Sonderlinge als Käuze. Heute wird der Ausdruck in Verbindung mit dem Adjektiv „komisch“ am häufigsten gebraucht. Es gibt aber auch „närrische, drollige, sonderbare, kuriose und merkwürdige Käuze“. Daneben kommt noch der „gelehrte Kauz“ vor – ein nachdenklicher Grübler und weltabgewandter Theoretiker, der sich am liebsten in seinem Studierzimmer einschließt. Goethe lässt dazu Faust in der Szene in Frau Marthes Garten feststellen: „Es muss auch solche Käuze geben.“ Wie Recht er hat. Ohne diese, aber auch ohne deren gefiederte Vorbilder, wäre die Welt ärmer.

Über den grünen KLEE loben

Wiesengräser sehen im Winter eher fahl und rascheltrocken wie Heu aus, aber die Kleearten einer Futterwiese sind ganzjährig saftig und grün. Daher galten sie in der symbolbeladenen Sprache des Mittelalters als Sinnbild des Frischen, Lebendigen und kräftig Gedeihenden, wie überhaupt das pflanzliche Grün geradezu ein Vitalitätskriterium ist. In Redensarten wie „Auf einen grünen Zweig kommen" oder „Jemandem nicht grün sein" klingt die gedankliche Verbindung zum prallen Leben ebenso an. Weil sich nun Schnee und Klee so hübsch reimen, wurden sie im dichterischen Gebrauch zum bedeutungsschweren Gegensatzpaar, der eine zum Ausdruck von Abschied und Tod, der andere zum Inbegriff des Frühlingshaften und des Liebesglücks. So gab bereits der Klee alleine ein überzeugendes Bild von saftstrotzender Lebenskraft ab. Daher empfand man den in der Lyrik manchmal sogar als grünen Klee verwendeten Vergleich zunehmend als Begriffsvöllerei, ähnlich wie runder Kreis oder tote Leiche, und damit als leicht kitschig. Etwas oder jemanden über den ohnehin hoch geschätzten grünen Klee loben, erscheint nun vollends übertrieben und löst wegen des starken Verdachts auf Lobhudelei eher Brechreize aus.

Anhänglich wie eine KLETTE

Vermutlich erging es Ihnen auch schon einmal so: Wenn man nach einem herbstlichen Streifzug durch Wald und Flur die Hosenbeine oder Jackensäume genauer inspiziert, finden sich dort mit schöner Regelmäßigkeit irgendwelche pflanzlichen Anhängsel. Es sind Früchte oder Samen bestimmter Pflanzen, deren wichtigstes Ziel Feder, Fell oder Kleider tragende Wirbeltiere sind, an deren rauer Oberfläche sie gleichsam einrasten, um auf diese Weise als blinde Passagiere über größere Distanz verschleppt zu werden. In der Verbreitungsbiologie gibt es dafür den interessant klingenden Fachausdruck Epizoochorie: Fliegende, laufende oder spazierende Wesen, die meist größere Strecken zurücklegen, hat die Natur als Speditionen für die Verbreitungseinheiten mancher Pflanzenarten ausgesucht.

Kletten – das erinnert so herrlich daran, dass man die Fruchtstände dieser imposanten Wildpflanze den Mädels ganz neckisch und effektvoll in die Frisur reiben konnte und sich dafür herbe Argumente einfing. Die Sache verfing buchstäblich.

Das macht den KOHL auch nicht fett

Bereits seit dem Altertum ist der Kohl mit seinen verschiedenen Gartenformen eine der wichtigsten, wenngleich kulinarisch nicht besonders beliebten Gemüsepflanzen und auch nur dann einigermaßen nahrhaft, wenn man ihn bei der Zubereitung mit einem ordentlichen Stück Fleisch anreichert. Eine Sache, die selbst diese Aufwertung nicht leisten und den Kohl demnach nicht fett machen kann, bringt einfach nichts und ist daher völlig wertlos. In Süddeutschland ist die Wendung „das Kraut nicht fett machen“ (Filderkraut = Kohlsorte) geläufig. „Dem ist wieder eine Griebe ins Kraut gefallen“ sagt man über jemanden, der extrem sparsam ist. „Alten Kohl wieder aufwärmen“, eine längst abgehakte Angelegenheit noch einmal zur Sprache bringen, war schon im Altertum sprichwörtlich, wie man einem Vers des römischen Satirikers Juvenal entnehmen kann. „Kohldampf schieben“ (= hungrig sein) hängt indessen nicht mit dem Kohl zusammen, den man in dieser Situation gerne zu essen hätte, sondern kommt vom rotwelschen *koler* sowie *dampf*, die beide Hunger bedeuten. „Jemanden verkohlen“ oder einfach nur kohlen (= eine Unwahrheit auftischen), geht vermutlich auf das jiddische Wort *kolen* (= erzählen) zurück. Im Rheinland sagt man dazu einfach „Kappes reden“ (Kappes = Kopfkohl vom lat. *caput* = Kohl) und ist damit wieder in der Botanik gelandet. In der Antike stand dafür der Kürbis – sein wissenschaftlicher Gattungsname leitet sich vom lateinischen *cucurbita* (= Dummkopf) ab.

Die KRÄTZE an den Hals ärgern

Gleich zwei verschiedene Bilder verstecken sich in dieser neuerdings wieder auflebenden Redensart: Die durchaus nicht auf die Halsregion beschränkte Krätze ist ein Hautproblem, verursacht von der bis zu 0,4 Millimeter großen Krätzmilbe. Die parasitisch lebenden Tiere durchtunneln die Hornschicht der Haut an meist wenig behaarten Stellen. Befallen sie dagegen auch stärker behaarte Partien, spricht man nicht mehr von Krätze, sondern von Räude, fallweise hervorgerufen von anderen Milbenarten. „Du räudiger Hund!" ist ein kräftiges Schimpfwort, das seine Wirkung meist nicht verfehlt. Von der Krätzmilbe befallene Hautstellen können sich durch Infektionen entzünden und dann ähnlich aussehen wie die auch durch Ärger, psychischen Stress oder vergleichbare seelische Belastungen ausgelöste Neurodermitis.
Das zweite Bild zu dieser Redensart betrifft die sprichwörtliche Lokalisation: „Etwas am Hals haben" meint hier keine direkte Halserkrankung wie eine Mandelentzündung, sondern ein unangenehmes oder lästiges Problem. In der Jugendsprache wird die Redensart – wohl auch wegen des unüberhörbaren Stabreimes – verkürzt auf „Ich krieg' die Krätze" als Ausdruck von Verwunderung, Überraschung oder Erstaunen.

Ins KRAUT schießen

Ein jagdliches Versehen mit einer Salve in die Vegetation ist hier sicher nicht gemeint. Das begrifflich bis heute vieldeutige Wort Kraut steht in dieser Redensart allgemein für eine besonders wüchsige Pflanze, die allerdings den größten Teil ihrer Energie in das Längenwachstum und die Entfaltung üppiger Blattmasse investiert. Dagegen setzt sie keine Blüte an und lässt deswegen auch keine reiche Fruchternte erwarten. „Ins

Kraut schießen" bedeutet demnach, eine Menge Aufwand oder Kraft vergeuden bzw. einer Sache zusehen, die sich weitgehend unnütz entwickelt. Als Nebenbedeutung versteht das heutige Sprachempfinden diese Wendung auch als rasche Zunahme von etwas Untauglichem oder gar Gefährlichem.

Ein KRÄUTchen Rührmichnichtan

Das Märchen von der Prinzessin auf der Erbse, die von dem winzigen Samenkorn selbst durch dutzendfach hochgestapelte Matratzen Druckstellen in der Hüfte bekam, karikiert überempfindliche und äußerst verletzliche Gemüter, die sogar aus nichtigen Anlässen an den Rand eines Nervenkollaps geraten oder total einschnappen. Solche empfindsamen Seelen, die rein gar nichts ertragen, sind sensibel wie eine Mimose (vgl. S. 94). Man bezeichnet sie daher auch als Kräutchen Rührmichnichtan. Der Vergleich stammt aus der heimischen Flora: Springkrautarten entwickeln längliche Kapselfrüchte, die zur Reifezeit bei der leisesten Berührung explosionsartig aufspringen und die Samen meterweit in die Umgebung schleudern. Solche pflanzliche Artillerie ist ein wirksames Verbreitungsmittel für die Nachkommen. Der botanische Gattungsname der Springkrautarten lautet *Impatiens*, nach dem lateinischen Wort für unduldsam. Die einzige heimische unter den heute in Mitteleuropa wild wachsenden *Impatiens*-Arten ist das Großblütige Springkraut (*Impatiens noli-tangere*), wobei das lat. *noli (me) tangere* wörtlich „Rühr mich nicht an" bedeutet. Die Geschosskraft der explodierenden Früchte entsteht übrigens rein hydraulisch durch Wasserdruck: In besonderen Gewebestreifen der Fruchtwand pumpen sich die Zellen buchstäblich bis zum Platzen voll. Bei geringer mechanischer Zusatzbelastung gibt es dann kein Halten mehr.

KROKODILstränen heulen

„Das fürchterliche Tier, das Krokodil genannt, wohnt in Ägypten nahe bei den Niles Strand. Bevor es wirklich frisst die heiß ersehnte Beute, tut es nach außen so, als ob's die Tat bereute, lässt heiße Tränen aus den falschen Augen dringen und hat doch nur im Sinn, zu töten und zu schlingen", heißt es in einer englischen Satire aus dem 16. Jahrhundert. Doch die Sage vom weinenden Krokodil ist noch älter und taucht schon Anfang des 13. Jahrhunderts in Mitteleuropa auf. Sie wurde vielleicht von den räuberischen, weiblichen Windgeistern, den Harpyien, aus der griechischen Mythologie auf das Krokodil übertragen und dann zur Zeit der Kreuzzüge als Wundererzählung weit verbreitet. Die Verwendung als Redensart von den Krokodilstränen als vorgetäuschte, falsche Rührung kam im 15. Jahrhundert auf. Tatsächlich liegen Krokodilen irgendwelche Rührungen jedweder Form beim Beutemachen völlig fern. Und dennoch gibt es sie, die echten Krokodilstränen! Zum Feuchthalten des Kroko-Auges dient auch die Hadersche Drüse in den Oberlippen. Reptilienforscher haben an Alligatoren beobachten können, dass diesen Panzerechsen durch die Anstrengung beim Herunterwürgen zu großer Bissen das Sekret aus den Haderschen Drüsen als Krokodilstränen aus den Augen läuft! Und selbst Weinlaute sind Krokodilen nicht fremd. Sie kommen aus den Eiern. Junge signalisieren durch dem Weinen ähnliche Quäktöne ihrer am Gelege Wache haltenden Mutter, dass sie bald schlüpfen werden.

Die KRÖTE schlucken

steht für etwas sehr Unangenehmes, das wir aber nicht abwenden können, sondern hinnehmen müssen. Weite Verbreitung findet die Redensart heute in der Politik. Während in Wahlkampfzeiten die Wähler noch mit vielfältigen Versprechungen umworben werden, müssen diese meist kurze Zeit nach einer Regierungsbildung „eine Kröte nach der anderen schlucken". Auch die tierischen Vorbilder dürften mit ihren Giftdrüsen in der Haut ebenso wenig schmackhaft sein und zu ähnlichen Schluckbeschwerden bei möglichen Feinden führen wie bei uns Steuererhöhungen, Arbeitszeitverlängerungen oder Subventions- und Sozialabbau.

Zum KUCKUCK!

Dank seines unverwechselbaren, namengebenden Rufs hat der Kuckuck eine unglaubliche Volkstümlichkeit erreicht. Man verehrt und bewundert ihn als Frühlingskünder in Liedern und Gedichten, als Glücksbringer und Lebensvogel. Als Vogel des Donnergottes Donar wurde *Cuculus canorus*, der unser einziger heimischer brutparasitierender Vogel ist, als Attribut Donars zum Frühlingsboten, Wettermacher und -propheten, aus dessen Ruf man Schlüsse ziehen konnte auf die künftige Fruchtbarkeit, das Wetter und die Ernte. Vordergründig könnte man annehmen, dass die Redensart „das weiß der Kuckuck" an den Volksglauben vom wahrsagenden Vogel anknüpft. Allerdings ist Kuckuck auch ein Hehlwort für Teufel. Weil man den Kuckuck eher hört als sieht, meinte man im 16. Jahrhundert, er pflege ein Verhältnis zum Teufel oder sei der Teufel höchstpersönlich. Vielleicht spielte dabei auch noch der Glaube von der Verwandlungsfähigkeit des Kuckucks in den Sperber hinein, denn im Flug sehen sich die beiden sehr ähnlich. Weil der Kuckuck nach dem Sommer nicht mehr zu hören und zu sehen war, und man noch keine Vorstellung von Zugvögeln hatte, war diese Verwandlung in eine ähnlich befiederte Vogelgestalt die plausibelste Erklärung, wenn auch möglicherweise Teufelswerk.

Die KUH vom Eis holen

Dem Hausrind, dessen weibliche Ausgabe man üblicherweise Kuh nennt, verdankt der Mensch einen Großteil seines kulturellen Aufstiegs in der Nacheiszeit. Rinder waren in den frühen Ackerbaukulturen leistungsfähige Zugtiere, versorgten schon die jungsteinzeitlichen Bauern mit Nahrungsmitteln und lieferten schließlich noch allerhand technisch nutzbare Materialien wie Horn und Leder. Kein Wunder, dass die Kuh in zahlreichen sprichwörtlichen Redensarten auftritt, und zwar eigenartigerweise in zweierlei Hinsicht – einmal als wertvoller Besitz und zum anderen als angeblich ungeschicktes, dummes, plumpes Wesen. „Du dumme Kuh" ist von den verbreiteten, wenngleich nicht salonfähigen chauvinistisch-uncharmanten Bezeichnungen speziell für – pardon – weibliche Personen das vergleichsweise harmloseste. Stolzieren sie aufgedonnert umher, fangen sie sich eventuell das Kompliment „bunte Kuh" ein oder man bescheinigt ihnen, „einen Geschmack zu haben wie eine Kuh". Im Schwäbischen setzt man noch eins drauf: „Narrete Küh hend spinnete Kälble".

„Die Kuh vom Eis holen" gehörte ursprünglich wohl zur letzteren Kategorie und meinte, eine vielleicht etwas ungeschickte und womöglich betont vollschlanke Dame aus einer prekären Situation befreien.

Vor allem im neueren journalistischen Sprachgebrauch findet sich der Ausdruck häufig und natürlich personenneutral für die Lösung oder Entschärfung eines schwierigen Problems. Wie die Kuh überhaupt aufs Eis geriet, lässt die Redensart allerdings offen. „Die Kuh fliegen lassen“ ist ebenfalls eine neuere Wendung und bedeutet, ausgiebig bis ausgelassen zu feiern. „Davon versteht er so viel wie die Kuh vom Sonntag“ attestiert blankes Nichtskönnen, und „wie die Kuh vor dem neuen Scheunentor“ (so schon bei Martin Luther) steht jemand völlig baff vor einer unbekannten Aufgabe.

Das geht auf keine KUHhaut

Papier ist zwar eigentlich schon eine recht alte Erfindung (angeblich in China schon aus dem ersten nachchristlichen Jahrhundert), kam aber in Europa erst in der Neuzeit in Gebrauch. In mittelalterlicher Zeit hielt man nur wirklich Wichtiges wie Verträge und Urkunden auf einer dauerhaft beschreibbaren Unterlage fest, und dazu diente Pergament, das man aus besonders präparierten Tierhäuten gewann. Meist verwendete man dazu wegen der leichteren Verarbeitung die Häute von Kälbern und Schafen.

Vom Bild der fleißigen Mönche, die in ihren klösterlichen Schreibstuben kirchliche Schriften auf Pergament übertrugen, entwickelte der fromme Volksglaube die treuherzige Vorstellung, der Teufel führe über die Verfehlungen eines Menschen Buch und hielte sein Sündenregister auf einem Pergament fest, damit dieses später – beim Jüngsten Gericht – gleichsam als Beweismittel verwendet werden kann (vgl. Offenbarung 20,12). Wenn die Schreibfläche in üblicher Kalbs- bzw. Schafspergamentgröße für die laufenden Einträge nicht ausreicht und das Sündenregister nicht einmal auf eine Kuhhaut passt, muss der Betreffende ein arger Missetäter gewesen sein.

Heute verwendet man die Redensart eher im Sinne von unzumutbar, unbeschreiblich oder schlicht zuviel. Im Schwäbischen sagt man über jemanden, der mal wieder kein Ende findet: „Der schwätzt e ganze Kuhhaut voll.“ In St. Georg in Oberzell/Reichenau zeigt ein Wandfresko aus dem 14. Jahrhundert eine von vier Teufeln gehaltene Kuhhaut und darüber die Köpfe zweier schwatzender Frauen …

Wenn die LAUS über die Leber läuft

Als Lästling bzw. Parasit hatte die früher viel weiter verbreitete Kopf- oder Kleiderlaus noch nie eine besondere Fangemeinde, sondern diente immer als Begriff des Nichtigen und Verächtlichen, so auch in Wortbildungen wie Lauselümmel oder Läusenest für Kleinstadt oder Redensarten wie „zerquetschen wie eine Laus“.

Wenn jemandem eine Laus über die Leber lief, hat er sich wohl mächtig geärgert oder ist erbost. Darin lebt die volkstümliche Vorstellung fort, die Leber sei der Ort der Emotionen, wie sie auch in anderen Wendungen anklingt („Frisch von der Leber weg sprechen" oder „das frisst mir an der Leber"). Die Laus, die über die Leber läuft – was anatomisch kaum möglich ist – steht lediglich für den nichtigen Anlass oder minimalen Auslöser eines Ärgernisses, und außerdem ergibt sie einen wunderschönen Stabreim.

Eine **LAUS** in den Pelz setzen

Zwei Arten der eng miteinander verwandten Primatenläuse (vgl. „Mich laust der Affe", S. 8) leben am Menschen, die Filz- oder Schamlaus und die Menschenlaus. Letztere tritt in zwei Rassen auf: Die drei bis vier Millimeter lange Kopflaus lebt vor allem am Haupthaar und saugt dreimal am Tag etwa zehn Minuten lang Blut. Seit der Steinzeit, die großenteils in die Kaltzeiten fiel und den Menschen zwang, sich eine wärmende Fellkleidung zuzulegen, entwickelte sich die etwas größere Kleiderlaus. Der unangenehm juckende Läusestich an sich ist nicht gefährlich. Jedoch können vor allem die Kleiderläuse gefährliche bakterielle Krankheitserreger übertragen. Läuse sind also unangenehme Plagegeister. „Jemandem eine Laus in den Pelz setzen" bedeutet demnach, ihm mächtig Ärger zu machen, aber auch ihm etwas weismachen wollen, sein Misstrauen erregen. Dies ist allerdings nicht die ursprüngliche Aussage der Wendung. Weil Läuse (und Flöhe) bis weit in die Neuzeit selbst in vornehmsten Kreisen etwas weitgehend Normales waren, galt die zusätzlich importierte Laus als höchst überflüssig und unnötig. Der ältere Sinn ist demnach gleichbedeutend mit „Eulen nach Athen tragen" (vgl. S. 38).

Dastehen wie eine geknickte LILIE

Mit ihrem regelmäßigen Blütenbau und der aparten Erscheinung der meist großformatigen Blüte auf einem eher unauffällig einfachen Stängel wurde insbesondere die weiße Lilie zum vielschichtigen Symbol. Einerseits diente sie als Sinnbild von Unschuld, Reinheit und Schönheit, wie es bereits das bemerkenswert lebensnahe Hohe Lied aus dem Alten Testament betont, andererseits steht sie für Licht, Hoffnung, Gnade und Vergebung. Bei den Römern war sie der Juno geweiht, in der christlichen Kunst erscheint sie in wechselnder Bedeutung, in der Dichtung diente sie über viele Jahrhunderte als beliebtes Motiv, und auch in der Heraldik hatte sie lange ihren festen Platz, wobei die berühmte Bourbonen-Lilie nach ihren Blütenblattformen auch eine stilisierte Iris sein könnte.

Eine geknickte und welkende Lilie, die ihre stolze Haltung verloren hat und gleichsam den Kopf hängen lässt, bietet ein Bild des Jammers, der Hoffnungslosigkeit und der verletzten Ehre. Eine so bezeichnete bzw. verglichene Person braucht also dringend eine aufmunternde Zuwendung, um nicht gänzlich in die Depression abzugleiten.

LORBEEREn ernten

Nein – die Beerenfrüchte sind mit dieser Redensart nicht gemeint. Zudem sind Lorbeer-Beeren ziemlich ungenießbar und sogar ein wenig giftig. Eher rundet man mit dem ätherischen Öl der Blätter die geschmacklichen Qualitäten von Fisch- und Fleischspeisen ab. Im Altertum war die Pflanze – wie viele Immergrüne – ein Symbol der Unsterblichkeit. Auch glaubte man, der Strauch könne moralisch-seelisch Hausputz halten. Daher verwendete man ihn bei Triumphzügen, um sich von dem im Krieg vergossenen Blut zu befreien. Später wurde er dekorative und ehrende Zugabe auch bei gänzlich unblutigen Leistungen.

Noch später steht der Lorbeer einfach nur für Ruhm und Ehre. „Auf seinen Lorbeeren ausruhen“ oder gar einschlafen, wie es Königin Luise von Preußen in einem Brief formulierte, bedeutet, nach herausragenden Leistungen ins Nichtstun abzusinken. Vom lateinischen Wort *laurus* (= Lorbeer) leitet sich der Laureat (= der mit Lorbeer Bekränzte) ab. So bezeichnet man beispielsweise die Nobelpreisträger, wenn sie ihre Medaillen, Urkunden und Schecks in Stockholm bzw. Oslo abholen.

Sich in die Höhle des LÖWEn wagen

Wer Stärkeren mutig entgegentritt, wagt sich in die Höhle des Löwen. Dabei bleibt die Frage offen, ob der Mutige da auch wieder heil herauskommt. Die beliebte Redensart hat ihren Ursprung in der Aesop'schen Fabel vom Löwen und dem Fuchs. Als der Fuchs einmal an dem krank in seiner Höhle liegenden Löwen vorbeikommt, antwortet er auf dessen Frage, warum er nicht näher trete: „Ich träte schon ein, wenn ich nicht sähe, dass so viele Spuren hinein, keine aber herausführt.“ Der Fuchs hatte die Wahl, ob er „in die Höhle des Löwen geht“ oder nicht. Wir haben sie manchmal nicht bei unserer Höhlenbegehung, trotz des ungewissen Ausgangs.

Augen wie ein LUCHS

Bereits 1350 bewunderte Konrad von Mengenberg in seinem „Buch der Natur“ die Scharfsichtigkeit des Luches: „Linx haizt ain luhs. Der hat so scharpfiu augen ... daz er durch starch wend siht.“ Wer sehr scharf sehen oder sehr genau beobachten kann, dem wird der Luchsvergleich zuteil. Als Beutegreifer und Pirschjäger haben Luchse gute Augen und ein ausgezeichnetes Gehör nötig. Wobei die Redensart vom „aufpassen wie ein Luchs“ bzw. von Luchsaugen nicht allzu positiv gemeint ist. Sie wird eher auf zwar schlaue, zugleich aber etwas hinterlistige Menschen gemünzt, die uns beluchsen, um vielleicht auch etwas abzuluchsen.

Wie die MADE im Speck Maden sitzen im Speck genau richtig. Sie haben dort alles, was sie brauchen: Fressen im Überfluss. Wenn wir wie eine Made im Speck sitzen, haben wir, ohne eigenes Dazutun, einen Platz oder eine Situation gefunden, wo wir es uns richtig gut gehen lassen. In Frankreich ist es übrigens nicht die Made im Speck, sondern die Ratte, die im Käse sitzt und sich's dort genau so gut gehen lässt: „Etre comme un rat dans un fromage.“

Etwas MADIG machen Wenn aus den Tüten im Küchenschrank die weißlichen Larven der Mehlmotte rieseln oder andere Entwicklungsstadien von Vorratsschädlingen ihr Unwesen treiben, kommt keine rechte Freude auf. Die Diagnose ist klar – es steckt unverkennbar der Wurm drin, obwohl es der Made im Speck eventuell äußerst prächtig geht. Die bürgerliche Biologie unterscheidet nicht trennscharf zwischen Würmern, Maden (den beinlosen Larven von Fliegen) oder Raupen (den mit Füßen ausgestatteten Larven von Motten). Wenn ein Lebensmittel bereits solche Konsumentenkreise erfreute, ist es nicht mehr küchentauglich und somit verdorben oder wertlos. „Etwas madig reden" oder „jemandem eine Sache madig machen", geht in die gleiche Richtung, nämlich Entwerten durch Vermiesen. Man kann sich bei seinen Kollegen oder Freunden aber auch selbst madig (= unbeliebt) machen, beispielsweise durch Wichtigtuerei oder Besserwisserei.

Da beißt keine MAUS den Faden ab,

denn der Entschluss steht unabänderlich fest, die Sache ist entschieden. Zur Erklärung dieser zunächst etwas schwer verständlichen Schlussformel, die das Ende einer Auseinandersetzung beschreibt, gibt es zwei Vorschläge: Zum einen soll sie sich auf eine Fabel von Äsop beziehen, in der eine kleine Maus die Stricke eines Netzes zernagt, in dem ein Löwe gefangen sitzt, der zuvor die Maus wegen ihrer Winzigkeit verspottet hat – eine klare Ermahnung, niemanden gering zu achten, weil man ihn in der Not vielleicht doch einmal braucht. Der zweite Erklärungsversuch setzt beim bäuerlichen Brauchtum an: Der 17. März ist der Tag der hl. Gertrud von Nivelles – der Beginn des Frühjahrs, an dem die typischen Winterarbeiten eingestellt werden sollten. Wer am Gertrudentag immer noch spinnt, dem beißen die Mäuse den Faden ab oder fressen ihm den Flachs auf dem Feld.

Bemerkenswert ist, dass die Redensart im Schwäbischen bis heute in doppelter Verneinung verwendet wird: „Do beißt koi Maus koi Fade ab", was wohl letztlich den gleichen Sinn ergibt.

Sie wirkt wie eine graue MAUS

Mit den Mäusen ist das manchmal schwierig. Aus sicherer Distanz oder auf einem Foto sehen sie ja recht nett und niedlich aus, aber wenn sich mal eine in die Küche verirrt, findet man manchen sonst ernst zu nehmenden Erwachsenen zitternd auf dem Tisch, den kalten Schweiß auf der Stirn und das blanke Entsetzen in den Augen. „Hast du eine Maus gegessen?" fragt man in Mecklenburg jemanden, der reichlich verdrossen bis völlig entnervt aussieht.
In ihrem Lebensraum sind Mäuse relativ schlecht zu erkennen, weil sie einerseits klein und andererseits mit ihrem Fellfarbe zwischen erd- und nussbraun perfekt getarnt sind. Auch wenn Rötelmaus oder Gelbhalsmaus ein paar für Mäuse gewagte Nuancen ins Spiel bringen, sind sie von schrillen Warnfarben weit entfernt. Nur weiße Mäuse, denen jegliche Pigmentierung abhanden kam, fallen kontrastreich auf. Aber graue Mäuse? Keine der häufigeren heimischen Mäusearten ist mausgrau, nicht einmal im Zustand fortschreitender Vergreisung. Die einzige in Europa vorkommende Art, die zumindest im jahreszeitlichen Wechsel Anklänge von Hellgrau zeigt, ist die nur wenig bekannte, weil alpin verbreitete Schneemaus. Die kann aber bei der Begriffsbildung der kaum wahrnehmbaren Graumäusigkeit kaum gemeint gewesen sein. Vielleicht muss man die Bewertung der Mäuse nochmals überdenken. Fragen Sie einen Kollegen gelegentlich mal nach dem Unterschied zwischen einer grauen und einer süßen Maus ...

Arm wie eine KirchenMAUS

Meistens sind es Vertreter der Spezies Hausmaus, die in unsere Häuser eindringen, um sich an den Vorräten in Küche und Keller zu bedienen. Gelegentlich fühlen sich auch andere heimische Mäusearten eingeladen, beispielsweise die Feldmaus oder die Rötelmaus. So niedlich,

sympathisch und vorwitzig Mäuse in Geschichten und Comics dargestellt werden, so wenig sind sie als stille Teilhaber in der eigenen Wohnung willkommen. Sollte sich nun eine Maus auf Nahrungssuche tatsächlich einmal in eine Kirche verirren, hat sie wohl ausgesprochenes Pech und endet womöglich in bitterster Armut, denn hier gibt es keine gefüllte Speisekammer und daher wirklich nichts zu beißen. In Frankreich verwendet man das gleiche Bild übrigens für die Ratte („gueux comme un rat d'église").

Es ist zum MÄUSE melken Eine Kuh oder eine Ziege von Hand zu melken, ist meist schon schwierig genug, aber Mäusemelken ist offensichtlich eine ganz besondere Mühsal am Rande des Unsinns, die zielgenau in die helle Verzweiflung treibt. Im Laborjargon bezeichnet man damit auch die schwierige und technisch fast schon unmögliche Suche nach kleinsten Substanzspuren. In jüngster

Zeit erhielt diese Redensart allerdings einen völlig neuen Hintergrund: Durch die Übertragung bestimmter menschlicher Gene auf Labormäuse gelang es tatsächlich, über die Mäusemilch in hoher Konzentration spezielle Wirkstoffe für die Behandlung von Stoffwechselkrankheiten zu gewinnen, für die sonst keine Arzneien zur Verfügung stehen.

Sich MAUSIG machen Schon seit dem 16. Jahrhundert ist diese Redensart bekannt, mit der man heute eine unangenehme oder vorlaut-aufdringliche Auffälligkeit umschreibt. Vom Wortbild könnte der Begriff mit der Maus zusammenhängen, tatsächlich leitet er sich aber von der Mauser ab, dem regelmäßigen Federwechsel der Vögel, die wiederum auf das lateinische Wort *mutare* (= mausern, verändern) zurückgeht. Speziell stammt das Bild aus der hoheitlichen Jagd mit Falken. Nach der Mauser, die sie für eine Weile flugunfähig machte, waren die Jagdfalken ausgesprochen agil und angriffslustig, womit sie für die Jagd auf Niederwild besonders gut geeignet waren. Beim mausigen, also kecken, übermütigen und lebhaften Falken voller Bewegungsdrang war der Begriff also noch durchaus positiv gemeint. Erst später tritt die Nebenbedeutung vom frechen, ungebärdigen Vordrängen in den Vordergrund. Das heutige Sprachgefühl verwischt gelegentlich die tatsächliche Bedeutung und zitiert die Maus. In Norddeutschland sagt man beispielsweise: „Wer sich mausig macht, den frisst die Katze" („Wer sik musig makt, den frett de Katt").

Das dich das MÄUSLE beiß'! Vor allem in Süddeutschland ist diese scherzhafte Verwünschung verbreitet, aber früher war sie gar nicht so harmlos gemeint, denn sie leitet sich nicht von der Maus ab, sondern vom umgangssprachlich entstellten, später so nicht mehr verstandenen frühneuhochdeutschen *meisel* bzw. *misel* (= Aussatz). Ursprünglich beinhaltete diese Formel also einen bitterbösen, weil lebensbedrohlich gemeinten Fluch. Erst durch die Umdeutung auf ein harmloses Tier, vor dessen Bissen man sich aber gelegentlich dennoch fürchtet (ähnlich wie der Hase in der Geschichte von den Sieben Schwaben), nahm ihr die Schärfe.

Eine vermeintliche Maus ist vielfach Gegenstand von Redensarten. „Mäuse haben" im Sinne von Geld besitzen ist eine Umformung des in der Gaunersprache verbreiteten rotwelschen Wortes *mous, moos* bzw. des jiddischen *maos* (= kleine Münze). Ein wirklicher Kleinnager ist gemeint in den Wendungen „es ist eine Maus im Mehl" (die Sache hat einen Fehler oder einen Haken) oder „Mäuse riechen" (von einer Sache Wind bekommen bzw. den Braten riechen).

Eine MEISE (unterm Pony) haben

Wer eine Meise hat, dazu noch unterm Pony, der tickt nach Meinung anderer nicht richtig, der kann nicht recht bei Verstand sein. Was wir als „einen Vogel haben" in der übrigen Republik bezeichnen (vgl. S. 141), ist in Berlin die Meise unterm Pony.

Empfindlich wie eine MIMOSE

Das kennt man zur Genüge aus dem Büro- oder sonstigen Geschäftsalltag: Die Kollegin aus der Abteilung XY ist fast immer schlecht drauf, schnappt bei geringsten Anlässen total ein und hat folglich den zweifelhaften Ruf, absolut mimosenhaft zu sein, was den Umgang nicht gerade erleichtert. Die Psychologie kann zur Erklärung solchen Verhaltens unbewältigte Träume in der Kindheit erforschen, die Biologie verweist auf ein pflanzliches Sensibelchen, die erstaunliche Sinnpflanze *Mimosa pudica*. Sie ist ein gerne demonstriertes Anschauungsobjekt für eine überaus rasch ablaufende Reizbeantwortung bei Pflanzen: Klopft man beispielsweise mit einem Bleistift auf eines ihrer gefiederten Blätter, knickt sie schon im nächsten Moment buchstäblich ein. Zwischen Reizeinwirkung und Reaktion vergehen nur 0,08 Sekunden. Schüttelt man gar die gesamte Pflanze etwas unsanft durch, reagieren alle Blätter. Nach wenigen Augenblicken hat sich die zuvor nett anzusehende Pflanze in ein dürres Gerippe verwandelt. Etwa 15 bis 20 Minuten später sieht sie wieder völlig normal aus. Genau in diesem auffälligen Aspektwechsel sehen Ökologen den eigentlichen Zweck dieser Abläufe: Die Pflanze möchte offenbar für potenzielle Weidegänger einfach nicht weiter attraktiv sein, nachdem diese ein erstes Mal zugelangt haben. Carl von Linné, der der Pflanze ihren wissenschaftlichen Namen gab, verwendete als Gattungsnamen das spanische Wort *mimosa* für ein zimperliches Weibsbild und kennzeichnete sie auch noch als *pudica* (= schamhaft) – eine geradezu fatale Mischung unerfreulicher Wesenszüge.

Ohne MOOS nichts los

Den Boden von Laub- und Nadelwäldern nimmt die so genannte Moosschicht ein. Die Waldbodenmoose wachsen an leicht erhöhten Stellen, an denen sie zuverlässig vom Licht erreicht

werden. Kurzrasenmoose sind mit ihren Kissen gleichsam die Lückenbüßer des Waldbodens – sie füllen alle möglichen Winkel und Nischen aus. Weitere Lebensformen sind Hochrasen, aufgewölbte Polster sowie die zum Teil recht ausgedehnten Filze in den Lücken zwischen den Baumwurzeln. Diese erstaunlich zahlreichen Moosarten und -wuchsformen sind die wichtigsten Stellglieder im Wasserhaushalt eines Waldes und daher sogar für ganze Landschaften bedeutsam. Ohne Moos ist daher ökologisch wirklich nichts los.
Umgangssprachlich bezeichnet die Redewendung jedoch die individuelle bzw. öffentliche Finanzlage. Der vor allem in studentischen Kreisen geläufige Begriff Moos für Geld leitet sich ab vom rotwelschen Wort *mous, moos* bzw. des jiddischen *maos* sowie des hebräischen *ma'oth* (= kleine Münze). Über die Ganoven- und Landstreichersprache, die viele der aus Osteuropa kommenden Rotwelsch-Bezeichnungen aufgenommen hat, fand er Eingang in den neuzeitlichen Jargon.

Du kriegst die MOTTEN

Landläufig versteht man unter einer Motte einen unscheinbaren Kleinschmetterling. Die in der verwünschenden Redensart üblicherweise gemeinte Spezies ist die in allen gemäßigten und warmen Gebieten vorkommende Kleidermotte. Schäden verursacht nur die Raupe, denn die löchert unterschiedslos alle aus tierischem Material gefertigten Textilien – neben Wolle und Seide auch Pelz und Federn. Bei ihrem gefräßigen Tun tarnen sich die Raupen in einem Gespinstköcher aus dem Material ihres Futterplatzes – daher sieht man sie fast nie. Umherfliegende Motten sind fast immer Männchen, während die Weibchen zwar geflügelt, aber ziemlich flugunlustig sind. Als Falter nehmen sie keine Nahrung mehr auf. Von Mottenraupen gelöcherte und eventuell wertvolle Textilien sind unbrauchbar. Ursprünglich war die Redensart daher ein recht ernst gemeinter Ausruf des Entsetzens. Die heutige Umgangssprache verwendet sie dagegen eher als spaßigen Ausdruck des Erstaunens. Die Motte ist darüber hinaus aber auch ein Sinnbild von Unbeständigkeit und Vergänglichkeit. Diese Metapher geht vermutlich zurück auf das Neue Testament (Matthäus 6, 19: Man soll keine Schätze auf Erden sammeln, „da sie die Motten zerfressen"). Die Motte, die das Licht umschwärmt und darin schließlich verglüht, ist wohl ähnlich zu verstehen.

Die MÜCKE machen Die Alltagssprache bezeichnet als Mücke den eher etwas behäbigen, aber lästigen, weil stechenden Blutsauger und als Fliege den Lästling am Frühstückstisch. Tatsächlich unterscheidet man in der artenreichen Insektenordnung der Zweiflügler die mit langen Fühlern ausgestatteten Mücken und die kurze Fühler tragenden Fliegen. In beiden Unterordnungen gibt es jedoch stechende und saugende Typen, und in beiden kommen neben langsamen auch sehr rasche Flugkünstler vor, die man nicht so einfach durch Handschlag plätten kann. Manche Leute können sich aber auch über die Mücke oder Fliege an der Wand ärgern. Im Matthäus-Evangelium findet sich das schöne Bild von den Heuchlern, „die Mücken seihen und Kamele verschlucken" (Matthäus 23, 24), d. h. Unwichtiges supergenau nehmen und Wesentliches einfach unbeachtet lassen. „Die Mücke (oder Fliege) machen" bezieht sich klar auf die betont reaktionsschnellen Formen, die ganz rasch abschwirren und dann kaum noch zu sehen sind, wenn man sie bei einer unliebsamen Tätigkeit aufstört. Im modernen Sprachgebrauch steht die Wendung aber auch einfach für einen schnellen Abschied oder Aufbruch ohne großes Begleitritual.

NACHTIGALL, ich hör dir trapsen

Besser noch die Redensart in original berlinerischem Dialekt „Nachtigall, ick hör' dir trapsen" (bzw. trampsen oder loofen) meint: „Ich weiß, was los ist, was dahinter steckt, ich kann den Braten riechen." Erstmals hat Hans Meyer 1878 diese Redensart im „richtigen Berliner" dokumentiert, die heute noch zur Berliner Umgangssprache gehört. Wie aber kommt man als allseits beliebte Meistersängerin zum Trapsen? Wahrscheinlich haben die Berliner einfach die erste Zeile des Liedes „Frau Nachtigall" aus der bekannten Volksliedersammlung „Des Knaben Wunderhorn" von Achim von Armin und Clemens Brentano (1806 bis 1808) verballhornt, oder dies mit der Anfangszeile der zweiten Strophe vermischt.

„Nachtigall, ich hör dich singen,
Das Herz möchte mir im Leib zerspringen;
Komme doch und sag mir bald,
Wie ich mich verhalten soll.
Nachtigall, ich seh dich laufen,
An dem Bächlein tust du saufen,
Du tunkst dein klein Schnäblein ein,
Meinst es wär der beste Wein."

In die NESSELn setzen

Wer unplanmäßig Kontakt mit einer Brennnessel hat, fühlt sich äußerst unangenehm berührt, denn ihre feinen Sticheleien vermitteln unliebsame hautnahe Erfahrungen, auch wenn man nicht gleich vollflächig mit seinen vier Buchstaben in einem Brennnesselbestand landet. Im übertragenen Sinne bedeutet die Redensart, dass man sich mit einer unüberlegten Meinung oder Sache bei seinen Mitmenschen eventuell eine Menge Probleme einfängt.

Eine harte NUSS zu knacken geben

Mit den Nüssen ist das so eine Sache, denn die wenigsten, die man dafür hält, sind tatsächlich welche. So ist beispielsweise die Walnuss eine klassische Steinfrucht – das ölreiche, schmackhafte Innenleben entspricht einem Kirschkern oder einer Mandel. Die Kokosnuss kann man als Nuss ebenso vergessen, denn auch sie gehört zu den Steinfrüchten. Die knallharte Paranuss ist eine verholzte Kapsel, die Cashewnuss ein verdickter Fruchtstiel. Richtige Nüsse sind dagegen Buchecker, Erdnuss, Esskastanie, Haselnuss und – die Erdbeere (als Sammelnussfrucht). Allein die korrekte Zuordnung diverser essbarer Kerne in die richtige Fruchtkategorie kann also schon eine ziemlich harte Nuss sein, an der man ohne ein wenig Botanik erbarmungslos scheitert.

Scheitern würde man normalerweise auch beim Öffnen der steinharten Schalen, wenn man nicht grob-mechanisches Werkzeug wie Nussknacker zur Hand nimmt. Mäuse und Eichhörnchen bewältigen das Problem mit ihren Zähnen, Vögel wie Eichelhäher und Krähen schaffen den Nuss-Crash, indem sie sie einfach aus größerer Höhe auf Steine fallen lassen. Der weiche Kern der Steinfrucht Walnuss erinnert mit seinen Furchen und Windungen und der äußeren zarten Haut auffallend an ein Säugergehirn – die harte Steinwand wäre dann passenderweise die Schädeldecke. Aus dieser Beobachtung ist wohl die Redensart „eins auf die Nuss geben“ entstanden, was im Sinne eines funktionierenden Denkvermögens keine unbedingt empfehlenswerte Maßnahme ist.

Wie ein OCHSE vor dem Berg

oder „wie eine Kuh vor dem Scheunentor“ steht einer/eine ratlos vor einer schwierigen Aufgabe oder Situation. Und wer etwas anderen erklären will, obwohl diese den Sachverhalt nicht verstehen können oder wollen, letzteres trifft gar nicht allzu selten in der Schule zu, dem geht es so, als ob er einem „Ochsen ins Horn petzen“ würde.

Eine OCHSEntour machen

Wer einen schweren Weg einschlägt, eine mühevolle Arbeit zu leisten hat, einen vorgeschriebenen, umständlichen Dienstweg einhalten muss oder sich in seiner beruflichen Laufbahn vielen Schwierigkeiten stellen muss, macht eine Ochsentour durch. Ähnlich ging es wohl den Gespannochsen, die schwere Wagen auf schlechten Straßen, durch Schlamm, Matsch, Schnee und Eis bergauf und bergab unter Schlägen mit dem Ochsenziemer ziehen mussten.

Geschmückt wie ein PfingstOCHSE

Wer sich übertrieben anzieht und dabei noch geschmacklos aussieht, ist geschmückt und aufgedonnert wie ein Pfingstochse. Nach altem Brauch schmückte man beim Viehaustrieb auf die Weide das erste oder letzte Tier der Herde als Pfingstochse oder Pfingstkuh. Oft war es ein besonderes Wiesenstück, das bis Pfingsten unbenutzt blieb, um darauf die Tiere zu treiben, die so genannte Pfingstweide. Mancherorts, wie etwa in Mecklenburg, wurde auch ein als Pfingstbraten bestimmter fetter Ochse vor seiner Schlachtung an Kopf, Hörnern und dem Schwanz bunt geschmückt am Donnerstag oder Freitag vor dem Fest von den Metzgern herumgeführt – ein Brauch, der an alte Schlachtrituale als Opferhandlungen erinnert. In Frankreich ist es der Fastnachtsochse, „bœuf gras", der reich behangen und geschmückt in den letzten Fastnachtstagen von den Metzgergesellen durch die Straßen geführt wird oder als aufgeputzter Ochse die Spitze der Fronleichnamsprozession anführt. Solcherart Rituale sind menschlichen Pfingstochsen fremd. Die sind einfach nur peinlich.

Die OHRen steif halten

heißt hellwach sein, auf etwas sehr gut Acht geben, sehr genau zuhören. Bei vielen Tieren, etwa Pferden und Hunden, trifft dieses Verhalten tatsächlich zu. Für uns hat „Ohren spitzen" oder „Ohren steif halten" natürlich nur symbolische Bedeutung – menschliche Ohrwatscheln sind ziemlich unbeweglich. Obwohl es anatomisch gar nicht funktioniert, hat schon ein Mutloser „die Ohren hängen lassen". Wer „mit den Ohren schlackert", findet etwas sehr erstaunlich, aber auch beängstigend, denn „schlackern" meint das Hinundherschlagen, das Baumeln, das Hängen lassen.

Jemanden auf die PALME bringen

„Der ist auf 150“ sagt man jemandem nach, der sich über eine Sache furchtbar aufregt, und mit der Zahlenangabe könnte durchaus der systolische Blutdruck gemeint sein. „Hochgehen wie eine Rakete“ oder die „Wände hochgehen“ verwendet das gleiche Bild, nämlich aus Ärger, Wut oder Zorn total erbost den sicheren Boden verlassen und die dritte Dimension aufsuchen. „Jemanden auf die Palme bringen“ schmückt diese abhebende Vorstellung weiter aus und verwendet eventuell die zutreffende Beobachtung, dass sich auch hochgradig erregte Affen schnellstens auf den nächsterreichbaren Baum schwingen. „Von der Palme wieder herunterkommen“ beschreibt entsprechend das Gegenteil, nämlich sich beruhigen und zur Normalverfassung zurückfinden. Gegebenenfalls muss man einen völlig Entnervten auch „frisch aus der Palme schütteln“, um ihn wieder „auf den Teppich“ zu bringen.

Das sind doch PEANUTS

Peanuts, wörtlich wohl wegen ihrer geringen Größe Erbsennüsse, bedeutet im Englischen einerseits Erdnuss und zum anderen, da man sie sackweise zu einem geringen Preis handelt, auch Kleinigkeiten oder Nebensächlichkeiten, die wirklich nicht der Rede wert ist. Die in die deutsche Sprache erst unlängst eingeführte Wendung ist ein Beispiel dafür, dass sich auch in der Gegenwart neue Redensarten rasch verbreiten, insbesondere solche mit englisch-amerikanischen Begriffen. Besonders bekannt wurden die angeblich nichtigen Erdnüsse durch eine Bemerkung aus der Vorstandsetage der Deutschen Bank, als man die offenen Gläubigerforderungen an einen betrügerischen Großunternehmer als peanuts bezeichnete. Seither wird dieser Vergleich in der gegenwärtigen Umgangssprache oft verwendet.

Jemandem die PETERSILIE verhageln Die aus der mediterranen Gartenkultur schon zur Römerzeit in die Gebiete nördlich der Alpen importierte Petersilie ist eine der am häufigsten verwendeten und beliebtesten Gewürzpflanzen. Der eigenartige Name leitet sich vom lateinischen *petroselinum* (= Felsen-Sellerie) ab, aber nicht wegen der angeblich felsigen Wuchsorte der Wildform, sondern wegen der Wirkung gegen Nierensteine. Nach populärer Einschätzung gilt die Pflanze ähnlich wie die verwandte Sellerie als Aphrodisiakum. Wenn also Hagelschlag das geschätzte Küchenkraut verdirbt, ist bei jemandem, der sonst „die Petersilie auf allen Suppen" und überall dabei ist, folglich Missmut, Frustration oder Niedergeschlagenheit angesagt.

Stolz wie ein PFAU Dort, wo er natürlich vorkommt, in Indien und auf Sri Lanka, sieht man im radschlagenden Pfau ein Abbild der Sterne am Firmament. In Griechenland war er durch sein Federkrönchen ein königliches Tier und als ein dem Luftraum zugehöriger Vogel der Himmelsgöttin Hera heilig. Die ersten Christen wiederum wollten in den prächtigen Wandmalereien der Römer, auf denen Luxusgärten, Pfauen und Brunnen dargestellt waren, das Paradies erkennen. So wurde der Pfau zum Sinnbild des ewigen Lebens, der erlösten Seele und der Wiedergeburt. Wobei letzteres sicher durch Plinius beeinflusst ist, in dessen Naturgeschichte der Pfau im Frühling sein Gefieder inklusive Schwanzfedern wiedergewinnt. Erst später wurde dieser königliche Paradiesvogel mit dem Sternbild auf seinem Rad zum Sinnbild für Hochmut und Eitelkeit. Seit dem späten Mittelalter kennt man den redensartlichen Vergleich „sich spreizen wie ein Pfau" („sei gent als die pfawen") für sich prunksüchtig zeigen. So bieten sich bei Hans Sachs dem Fuchs, der auf eine Wallfahrt gehen will, alle möglichen Tiere, einschließlich des Pfaues, als Gefährten an. „Der Fuchs sprach: Ich nem dich nit on, weil du durch dein vergülten schwanz dich heslt rumreich und prechtig ganz, Hoffart und Hochmut stecz nachtrachst, alle ander neben dir verachst." In den bildlichen Darstellungen der Todsünden hat er seinen festen Platz als „superbia", der stolze, eitle Pfau. Die deftigen Bayern haben für einen großtuerischen Menschen mit schlechtem Charakter noch heute den Spruch parat: „Außen wie a Pfau, innen wie a Sau."

Hinschicken, wo der PFEFFER wächst

Im späten Mittelalter, als die Redensart entstand, hatte man keine Vorstellung davon, wo der Pfeffer eigentlich zu Hause ist. Nur so viel war klar, dass er aus einer entlegenen Region am Rande der bekannten Welt stammen müsse. Man vermutete Indien, wo der (echte) Schwarze Pfeffer tatsächlich beheimatet ist, was Kolumbus (wegen der damals hohen Pfefferpreise) bewog, den Seeweg dorthin zu suchen. Jemanden nach einer heftigen Auseinandersetzung in die Heimat des Pfeffers zu wünschen oder zu schicken, bedeutet, ihn möglichst aus dem Blickfeld verschwinden zu lassen und nicht mehr live ertragen zu müssen. Erst viel später bezog man die Wendung auf Cayenne, die Hauptstadt von Französisch Guayana, wo im 19. Jahrhundert eine Strafkolonie bestand, die wegen des mörderischen Tropenklimas berüchtigt war. In dieser Region ist der auch Chili genannte Cayennepfeffer zu Hause, ein Gewürz aus der Verwandtschaft der Paprika. Obwohl Paprika mit dem Pfeffer nicht einmal entfernt verwandt ist, bezeichnet man seine überdies auch noch unkorrekt als Schoten gehandelten Früchte zusammen mit den Chilis als Spanischen Pfeffer.

Jemanden etwas vom PFERD erzählen

hat nichts gemein mit „wie mit einem kranken Pferd (Gaul) reden". Wer letzteres tut will gut zureden, Mut machen, jemanden aufrichten. Pferdehalter wussten, dass ein krankes Pferd stirbt, wenn es sich hinlegt. Um es auf den Beinen zu halten, redeten sie ihm deshalb gut zu.

Wenn dagegen einer jemandem etwas vom Pferd erzählt, sitzt er auf dem hohen Ross, blickt und redet mit einem gewissen Stolz aus dem Gefühl, das ihm das hoch auf einem Pferd Sitzen gibt, auf andere von oben herab. „Erzähl mir nichts vom Pferd!", ist die dazu passende Abwehrreaktion. Als leistungsfähigster Mitarbeiter ist man andererseits für den Chef das „beste Pferd im Stall".

Keine zehn PFERDe bringen mich hier weg

Nur wenige Tiere haben die Kulturgeschichte so stark geprägt wie das Pferd, und deswegen ist es auch in besonders vielen sprichwörtlichen Redensarten enthalten. Die meisten davon erklären sich von selbst: „Mit dem kann man ein Pferd stehlen", „das hält kein Pferd aus", „ich glaub' mich tritt ein Pferd", „er ist das beste Pferd im Stall" oder „das Pferd vom Schwanz aufzäumen" betonen den besonderen Wert dieser Tiere, aber auch ihre Kraft, die sie als Reit- und Zugtiere entfalten.

So lag es nahe, dass man nach der Entwicklung der Dampfmaschine durch James Watt (um 1780) deren Leistung zur Pferdekraft in Beziehung setzte. Da es kräftige Ackergäule ebenso wie schlappe Klepper gibt, musste man dieses Maß normieren und definierte, dass die Leistung einer Pferdestärke (PS) dann vorliegt, wenn eine Masse von 75 Kilogramm in einer Sekunde einen Meter hoch gehoben wird. Seit 1978 ist dafür nur noch die Einheit Watt (W) zugelassen, wobei

1 PS = 736 W entspricht. Nun kann ein Kilogramm Muskelmasse maximal 100 Watt leisten. Ein 600-Kilogramm-Pferd mit etwa 180 Kilogramm Muskulatur könnte demnach kurzfristig sogar 24 PS leisten. Realistischer als solche Spitzenleistungen ist folgende Festlegung, die man 1926 traf: Danach soll ein gutes Pferd etwa zehn Stunden lang rund zehn Prozent seines Körpergewichtes mit einer Geschwindigkeit von vier Kilometern je Stunde ziehen können. Rechnet man diese Leistung auf die üblichen Einheiten um, kommt ziemlich genau ein PS heraus. Wenn aber gar zehn Pferde nichts gegen meinen Beharrungswillen ausrichten können, bin ich also ziemlich massiv dagegen.

Keinen PFIFFERLING für etwas geben

Der in vielen Gegenden nur noch selten vorkommende Pfifferling oder Eierschwamm gilt weithin als vorzüglicher Speisepilz. Schaut man sich die heute üblichen Markt- oder Restaurantpreise für die Delikatesse an, so ist seine in der Redensart klar anklingende Wertlosigkeit kaum nachzuvollziehen. Tatsächlich scheint dieser Pilz in früheren Jahrhunderten zumindest regional geradezu massenhaft vorgekommen zu sein. Jedenfalls lässt sich so eine ausdrücklich auf den Pfifferling bezogene Formulierung in Hans Sachs‘ hübscher Geschichte vom Schlaraffenland deuten. So stand die Art als kulinarisches Ereignis früher weniger hoch im Ansehen, denn das Angebot regulierte auch hier schon immer den Preis. Die gleiche geringe Wertschätzung zeigt sich ferner in der Redensart „das ist mir keinen Pfifferling wert“ sowie in „die Angelegenheit kümmert mich einen Pfifferling“. Außerdem gibt es die umgangssprachliche Formulierung „einen Pfifferling von etwas haben“, nämlich rein gar nichts.

Wie PILZe aus der Erde schießen

Obwohl viele Menschen die Pilze zumindest auf dem Umweg über Kochbuch oder Menükarte schätzen, sind diese seltsamen Lebewesen auf Wiesen, Brachland oder im Wald nicht ganz geheuer. Pilze fühlen sich oft ein wenig schleimig an, wachsen in geheimnisvollen Kreisen, verbreiten einen fürchterlichen Gestank oder enthalten tödliche Gifte. Auch das sprichwörtlich rasche Wachstum, das sie gleichsam über Nacht aus der Erde schießen lässt, macht sie ziemlich mysteriös. So verwundert es eigentlich auch nicht, dass man für das Auftauchen der Pilze noch bis ins 19. Jahrhundert den Satan, die Hexen oder Blitz und Donner verantwortlich machte. Eine 1804 erschienene Schrift bringt sie gar mit Sternschnuppen in Zusammenhang.

Pilze, eigentlich sind die Fruchtkörper, die auffälligen Pilzhüte oder Schwammerl gemeint, wachsen – wenn die Außenbedingungen stimmen – tatsächlich enorm schnell, hervorgerufen durch ständige Vergrößerung der Pilzbiomasse und durch eine starke Wasseraufnahme in die Zellen. Den Bildeindruck der aus dem Erdboden schießenden Pilze übertrug man im 20. Jahrhundert auf die rege Bautätigkeit vor allem in der Zeit nach dem Zweiten Weltkrieg. Wohnsiedlungen schossen ebenso wie Pilze aus dem Boden wie Einkaufszentren, Tankstellen oder Freizeiteinrichtungen.

Du bist aber ein GlücksPILZ!

Hufeisen, Schornsteinfeger und ein vierzähliges Kleeblatt sind die üblichen symbolstarken Glücksbringer in den ohnehin mit allerhand abergläubischen Begleitritualen inszenierten Partys zum Jahresausklang bzw. -anfang. Auch ein rosa Glücksschwein aus Marzipan (vgl. S. 127) gehört dazu, und oft krönt die ganze Symbolanhäufung noch ein Glückspilz mit weißem Stiel und rotem, weißfleckigem Hut: Hier hat unverkennbar der Fliegenpilz Modell gestanden hat. Zweifellos ist er unter den heimischen Waldpilzen einer der hübschesten und wurde neben dem Champignon sozusagen zum Pilz schlechthin. Aber wieso Glückspilz? Pilzbücher warnen zu Recht davor, den dekorativen Fliegenpilz einfach in die Pfanne zu schnippeln, denn er ist ziemlich giftig. Immerhin ist er der nächste Verwandte der tödlich toxischen Knollenblätterpilze. Sein Genuss geht erheblich auf die Nerven, denn einige seiner Inhaltsstoffe (vor allem die Ibotensäure und ihre Abkömmlinge) lösen – je nach Menge – schwere Rauschzustände aus. Diese Verbindungen sind ähnlich aufgebaut wie die Signalstoffe, die im Gehirn nach Bedarf die Kontaktstellen zwischen bestimmten Neuronen frei schalten, und können daher deren Wirkung imitieren. Mit dem Fliegenpilz auf einen Traum-Trip zu gehen, galt zeit- und gebietsweise als besonderes Glückserlebnis – das „Männlein im Walde" stand deshalb vor allem bei den Naturvölkern in Nord- und Osteuropa in hohem Ansehen. Vom ritualisierten Drogenkonsum zum allgemeinen Glückssymbol war es offenbar nur ein kurzer Weg. Angesichts der erwiesenen Gefährlichkeit der Fliegenpilz-Inhaltsstoffe, die unkontrolliert in den Gehirnstoffwechsel eingreifen, ist eher derjenige ein ausgesprochener Glückspilz, der mit Rauschdrogen nichts zu tun hat.

Wie ein begossener PUDEL dastehen

oder gar pudelnass sein, beschreibt den erbarmungswürdigen Anblick des quietschfeuchten Tieres und bedeutet im übertragenen Sinne kleinlaut, beschämt oder zerknirscht abziehen. Literarisch verbürgt ist dieses eindrucksvolle Bild bereits in einem Spottlied auf die Betroffenen, die man beim berühmten Prager Fenstersturz (der den Dreißigjährigen Krieg einleitete) 1618 etwas unsanft an die frische Luft gesetzt hatte, und außerdem lässt Schiller in den „Räubern" (II,3) einen Überfallenen zappeln wie ein nasser Pudel. Interessant ist in diesen Redensarten der zunächst überraschende Zusammenhang von Pudel und Wasser. Speziell diese Hunderasse richtete man im 17. Jahrhundert vor allem in Norddeutschland auf die Wasserjagd ab, und bei der Verfolgung von Wassergeflügel gingen die Gelockten und Geschorenen wohl auch häufiger in den Teich. Vom niederdeutschen Pudel (= Pfütze) bzw. pudeln (= „im Wasser" plätschern) erhielten sie schließlich ihren Rassenamen. Pudelnass erklärt sich demnach nicht vom triefenden Hund, der eine Pfütze hinterlässt, sondern umgekehrt vom Vierbeiner, den man in die Pfütze schickt.

Das also war des PUDELs Kern

Solche Szenen spielen sich immer wieder ab: Da steht ein smart gekleideter Wanderprediger mit Fragebogen in der Hand vor der Tür, möchte für die amtliche Statistik dies und jenes wissen, und plötzlich soll man sich zum Kauf einer Rheumadecke oder eines mehrjährigen Müsli-Abonnements entschließen. Dann fällt Ihnen möglicherweise der berühmt-bekannte Ausspruch aus Goethes Faust (Vers 1323) ein, der solche Überrumpelungsmanöver wunderbar kennzeichnet: Ein streunender Pudel, den der Gelehrte vom Frühlingsspaziergang mit seinem Assistenten Wagner mit nach Hause brachte, verwandelt sich – dieweil Faust tiefsinnige Überlegungen zur Bibelübersetzung anstellt – in seinem Studierzimmer in Mephisto, den Teufel persönlich. Die Gestalt des Pudels hat Goethe in Anlehnung an alte Volksmythen gewählt. Hier treten schwarze Pudel häufig als Spukerscheinung und Begleiter finsterer Mächte auf. Des sprichwörtlichen Pudels „wahrer Kern“ erweist sich in der Redensart als die eigentlich interessante Hauptsache, die sich hinter mancherlei vernebelnden Ablenkungen und Verschleierungen tarnt, um dann etwas unvermittelt präsentiert zu werden.

Du **RABE**naas wird als Steigerung des Schimpfwortes „ du Aas“ oder „du faules Aas“ für einen stinkfaulen („stinkendes Aas“), liederlichen Menschen (weiblichen Geschlechts, ein Luder also) gerne gebraucht. Der Rabe als Aasverzehrer und „liederlich böser Vogel“ wird so zum „weißen Schimmel“. Fast schon sympathisch wirken da parodierende Kirchenlieder aus der Barockzeit, in denen sich Raben-Äaser outen und um Vergebung bitten. So belebt etwa Thomas Mann in seinen „Buddenbrooks“ das „Rabenaas“ wieder und lässt die vollständige Strophe in einer Andacht „zu einer feierlichen, glaubensfesten und innigen Melodie“ singen:

„Ich bin ein rechtes Rabenaas,
Ein wahrer Sündenkrüppel,
Der seine Sünden in sich fraß,
Als wie der Rost den Zwippel.
Ach Herr, so nimm mich Hund beim Ohr,
Wirf mir den Gnadenknochen vor
Und nimm mich Sündenlümmel
In deinen Gnadenhimmel."

Im Zeichen des Wertewandels mutierte berlinerisch „du Aas" inzwischen vom Schimpfwort zum Ausdruck besonderer Tüchtigkeit: „Er is'n Aas uf de Baß-Jeije" (das heißt, er ist ein Teufelsgeiger, ein Teufelskerl, ein Mordskerl). Vielleicht hat hier das französische „un as" (= ein tüchtiger Kerl), vom As im Kartenspiel kommend, seinen Einfluss ausgeübt.

Stehlen wie die RABEn Bereits Niklaus Manuel (1484 bis 1530) weiß zu berichten: „Ir diebsböswicht stelend wie die rappen." Und was bei Stieler 1691 in der „Teutschen Sprache Stammbaum" als „erstielet wie ein Rabe" steht, wird im französischen „voler comme un pie" (= stehlen wie eine Elster) ausgedrückt. Vor allem Elster und Rabe werden des Diebstahls von glänzendem Metall verdächtigt. Die „diebische Elster" soll dies, wie andre Rabenvögel auch, im Schnabel in ihr Nest eintragen. Obwohl sich dieses Gerücht hartnäckig hält, auch der Autor hat als Junge schon Elstern- und Rabenkrähennester diesbezüglich inspiziert, hat bisher noch keiner Eheringe, Silberbesteck oder gar goldene Löffel in Rabenvogelnestern gefunden. Dabei wirken Elsternnester besonders „verdächtig": Weil sie zum Schutz vor Nestraub ein „Dach" haben, kann man nicht so leicht in sie hineinschauen. Und was Eichel- oder Tannenhäher machen, Nüsse sammeln und für schlechte Zeiten verstecken, hat nichts mit Diebstahl, sondern nur was mit Vorratshaltung zu tun. Kluge Rabenvögel eben! Doch zurück zum Stehlen. Rabenvögel beklauen sich tatsächlich untereinander. Immer ist es ausschließlich Nistmaterial, also passende Äste, das die Begehrlichkeit weckt. Vielleicht ist es nur das wunderschön glänzende Gefieder von Elster & Co., bei dessen Anblick Menschen glänzende Augen bekamen, aber, weil sie die „bösen" Raben nicht als etwas Schönes ansehen durften – es lebe das Vorurteil! – an Klauen dachten.

RABEneltern – Rabenvater – Rabenmutter Wer seine Kinder vernachlässigt wird seit dem 16. Jahrhundert mit einem dieser Begriffe charakterisiert. Wie konnte es zum Rabenvergleich kommen? Denn gerade die Rabenvögel, von Elster über Aaskrähe bis Kolkrabe, führen eine aus menschlicher Sicht vorbildliche Dauerehe und sind ganz für ihre Kinder da. Während die Paare gemeinsam ihr Nest bauen, brütet das Weibchen meist alleine und hudert auch exklusiv die nach knapp drei Wochen geschlüpften Jungen. Dafür versorgt der Vater Mutter und Junge mit Nahrung. Erst wenn die Rabenkinder etwas größer sind, beteiligt sich auch das Weibchen an der Nahrungsbeschaffung. Bei der Aaskrähe, unserem häufigsten und auffälligsten schwarzen Rabenvogel, kann bei Partnerverlust ein Elternteil als „Alleinerziehender" den Nachwuchs groß kriegen. Die Jungen werden nach dem Flüggewerden im Alter von 30 bis 35 Tagen noch mindestens weitere vier Wochen von den Eltern gefüttert und geführt. Die Brutfürsorge dieser „Rabeneltern" ist sogar so stark ausgeprägt, dass selbst zu Boden gefallene Nestlinge dort bewacht, weiter gefüttert und, wenn notwendig, gegen Beutegreifer und andere Feinde beherzt verteidigt werden. Bei großer Hitze im Nest werden beispielsweise Kolkrabenjunge von den Eltern mit im Kehlsack herbeigetragenem Wasser versorgt, oder das Weibchen fliegt zum Baden und erfrischt die Nestjungen anschließend mit dem nassen Bauchgefieder. Bei den in Kolonien brütenden Saatkrähen werden Nistplatzkonkurrenten zwar vertrieben, diesjährige Jungtiere, erkennbar am noch schwarz befiederten Gesicht, dürfen sich dagegen unbehelligt in der gesamten Kolonie bewegen. Wenn solcherart Verhaltensweisen kein gelebter Kinderschutz sind?!

Doch anders sehen es die Bibel und frühe Naturbeschreiber. Im Buch der Bücher sind hungrige, von ihren Eltern verstoßene Rabenjunge erwähnt, so in Psalm 147, 9: Der Herr gibt dem Vieh Futter, wie „den jungen Raben, die ihn anrufen“ und irre fliegen, „weil sie nicht zu essen haben“ (Hiob 38, 41). Schließlich schreibt Konrad von Megenberg in seinem „Buch der Natur“ (um 1350): „Die raben werfent etlichen kint auz dem nest, wenn si der arbait verdeuzt mit in, daz si in nicht genuog speis pringen mügent.“ Selbst die gemäßigte Auslegung von Plinius, dass Rabeneltern ihre Jungen aus dem Nest vertreiben, sobald diese allein leben können, stimmt so nicht. Schließlich werden Rabenvogeljunge über die Nestlingsphase hinaus noch lange von den Eltern umsorgt.

Unglücks**RABE**

Während in der antiken und germanischen Mythologie Raben als Seelen- und Totenvögel angesehen werden – so besaß der germanische Gott Odin zwei davon, Hugin und Mumin, als Gedanke und Erinnerung – wurden sie erst im christlichen Mittelalter zu Galgenvögeln und Höllentieren. Vor allem wegen ihres pechschwarzen Gefieders (Pechvögel), dem unheimlichen Krächzen und ihrer Lebensweise als Aas- und Leichenfresser.

Wer will schon etwas mit Galgenvögeln zu tun haben? Zum Unglücksraben schlechthin „Hans Huckebein“, dessen für Rabenvögel kennzeichnendes Neugierverhalten und ausgeprägten Spieltrieb der Zeichner, Dichter und Satiriker Wilhelm Busch hervorragend traf. Eigentlich ein sympathischer Typ, endet Hans Huckebein als übermütiger „Bösewicht“ dennoch tragisch, ohne nicht anderen zuvor, und zuletzt sich selbst, Unglück gebracht zu haben. Der „Unglücksrabe“ erhängt sich betrunken in der Strickwolle der Tante, nachdem er zuvor den Rest eines Likörglases leerte: „Der Tisch ist glatt – der Böse taumelt – das Ende naht – sieh da er baumelt. „Die Bosheit war sein Hauptpläsier, drum“, spricht die Tante, „hängt er hier!“ Schade!

Die RADIESCHEN von unten anschauen

Euphemismen nennt man in der Sprachwissenschaft schönfärberische Umschreibungen, die einen unangenehmen Sachverhalt in einem besseren Licht erscheinen lassen. Die Bezeichnung „Entsorgungspark“ hört sich irgendwie gut an, obwohl sich dahinter im Zweifelsfall eine übel riechende Müllhalde verbirgt. Erstaunlicherweise verwendet die Umgangssprache besonders viele Euphemismen für den offenbar nicht gerne ausgesprochenen Tod: Wenn jemand das Zeitliche gesegnet hat oder in die ewigen Jagdgründe abwanderte, befindet er sich definitiv nicht unter den Lebenden, sondern ist schlicht und unwiderruflich tot. Exakt in diesen Zusammenhang gehört die leicht makabre und auf jeden Fall saloppe Redensart vom Perspektivenwechsel auf die Radieschen: Wer sie von unten betrachten kann, liegt wohl unter der Erde. Warum gerade das Radieschen für dieses Bild herhalten musste, lässt sich nicht ermitteln. Rein sprachlich ist es die Verkleinerungsform des Rettichs, der in Bayern als Radi bekannt ist und dessen Namen sich vom lateinischen *radix* (= Wurzel) ableitet.

Die RATTEn verlassen das sinkende Schiff

Sie kamen mit Schiffen aus Südasien in den Mittelmeerraum, um sich von hier aus über Europa zu verbreiten und viel Unglück zu bringen, die schwarzen Hausratten. Schiffstaue waren die idealen Einstiegshilfen für die klettergewandten, unheimlichen Nagetiere, die wegen ihrer regelmäßigen Häufigkeit an Bord auch Schiffsratten genannt wurden. Wenn Salzwasser in den Schiffsrumpf drang und so die Ratten aus ihren heim-

lichen Verstecken im Schiffsbauch vertrieb, waren sie die ersten, die sich nach oben aufmachten, um das Schiff zu verlassen. Das geschah oft schon Tage, bevor die Besatzung die Katastrophe bemerkte. So wie die Ratten, ziehen sich manche Menschen als Erste zurück, wenn sich die Umstände, von denen sie bisher meist schmarotzerhaft profitierten, nachteilig ändern. Doch solche Leute braucht kein Mensch!

Schlafen wie ein RATZ

„Der schläft wie ein Ratz" ist Ausdruck für einen besonders festen und tiefen Schlaf, der häufig noch von ausdauernden Schnarchtönen begleitet wird. „Ratzen" für fest schlafen ist die modernere Ableitung dieser Redensart. Wobei mit „Ratz" eigentlich nicht die Ratte gemeint sein kann, denn diese zeichnet sich weder durch einen tiefen Schlaf aus noch fällt sie als ursprüngliches Tropentier in einen Winterschlaf. Ratten sind zudem gerade nachts höchst agil. Eher ist Ratz eine Sammelbezeichnung für verwandte Nagetiere. Spätestens bei der Betrachtung des Murmeltiers oder des Siebenschläfers, beide mit langen Winterschlafphasen, macht die Redensart Sinn. Auch der Iltis, zoologisch zur Ordnung Raubtiere, Familie Marder zählend, wurde früher als „Ratz" bezeichnet. Auch von ihm könnte die Redensart abgeleitet sein. Dieser vorwiegend nachtaktive, und dann meist „unsichtbare", Einzelgänger pennt zumindest während unserer Hauptaktivitätszeiten lange und fest – eben wie ein „Ratz".

Kotzen wie ein REIHER

Dieser Vergleich wird gerne gebracht, wenn sich einer heftig erbrechen muss. Pate dafür könnten sowohl die heiseren, an Würgelaute erinnernden Rufe des Reihers gestanden haben, wie auch das Erbrechen der Nahrung zum Füttern der Jungen im Nest. Schon Aristoteles berichtet vom Erwärmen der Muscheln im Reihermagen und dem Wiederausspeien. So wurde Reihern zum Synonym für Erbrechen. Das ist ja zum Kotzen!

Keine ROSE ohne Dornen

Die rote Rose beim Rendezvous ist eine klare Ansage und seit Jahrhunderten ein fester Bestandteil des menschlichen Balzverhaltens. Schon im Altertum war die zugegebenermaßen nett anzusehende und dazu auch noch umwerfend duftende Rose eine bedeutende Symbolpflanze – sie war ein Attribut der griechischen Aphrodite bzw. römischen Venus, der Göttin der Schönheit und der Liebe. Im christlichen Mittelalter übertrug man ihren Symbolgehalt auf Maria und verlieh ihm unter anderem auch Ausdruck in den großartigen Fenster„rose"tten gotischer Kathedralen.
Trotz aller Schönheit und Symbolträchtigkeit hat die Sache ihren Haken – in Gestalt spitzer Auswüchse von erbarmungsloser Eindringlichkeit auf den Blattunterseiten und an den Stängeln. Das – übrigens auch tiefenpsychologisch durchaus bemerkenswerte – Bild vom unzugänglichen Dornröschenschloss und seiner jungfräulichen Bewohnerin begründen die übliche Einschätzung, die bedrohlich spitzen Hakengebilde an Rosenblatt und Rosenstängel seien Dornen. Für solche unverschämt unangenehmen Pflanzenteile haben die Botaniker aber auch noch einen anderen Fachbegriff – es könnte sich dabei auch um Stacheln handeln, und wenn die erst einmal tief im Fleisch sitzen, kommt ebenfalls keine Freude auf. Wo liegen die Unterschiede?
Dornen sind nach botanischer Festlegung jeweils komplett umgewandelte, feste Pflanzenorgane, etwa von Sprossen oder Blättern. Stacheln hingegen sind immer nur Oberflächenbildungen an Pflanzen-

organen, die verhältnismäßig locker sitzen und sich durch seitlichen Druck leicht abknicken lassen. Und exakt so liegen die Dinge bei den Wild- und Gartenrosen. Das berühmte Hohe Lied aus dem Alten Testament überspielt in Vers 2,2 den botanischen Sachverhalt und schwärmt: „Wie eine Rose unter den Dornen, so ist meine Freundin".

Die ROSE der Verschwiegenheit

Das hohe Ansehen der wunderschönen Rosen, die man schon in der klassischen Antike aus relativ kleinblütigen Wildformen zu edler Größe und betörendem Duft herangezüchtet hatte, lässt verstehen, dass man ihr über die Jahrhunderte hinweg in vielerlei und durchaus wechselnden Symbolen begegnet. Aus der römischen Antike ist überliefert, dass sich die Teilnehmer orgiastischer Trinkgelage ihre Häupter mit Rosen bekränzten. Von dieser Art Kräuter-Kompresse versprach man sich eine kühlende Wirkung auf das Gehirn, und die sollte verhindern, dass die munter Zechenden im Rausch nichts ausplaudern. Daraus entwickelte sich die Rose noch in römischer Zeit zum Symbol der Verschwiegenheit und Geheimhaltung. Hing bei einem Gastmahl eine Rose im Raum, war allen Beteiligten klar, dass die Gesprächsinhalte vertraulich zu behandeln waren. Diese stillschweigende Vereinbarung galt auch in der mittelalterlichen Rechtspflege, verankert in der Formulierung „*sub rosa* sprechen" als Hinweis auf die Geheimhaltung. In Burg Eltz, einer der wenigen unzerstörten mittelalterlichen Burgen Deutschlands, ziert eine als Halbrelief gestaltete Rose den Eingang zu einem Kaminzimmer, in dem sich die Vertreter der drei im Burgbering zusammenwohnenden Adelslinien zu vertraulichen Besprechungen trafen. Auch in Umberto Ecos Klosterkrimi „Der Name der Rose" ist die Rose der Verschwiegenheit eines der Motive in den komplizierten Handlungssträngen.

Da haben wir den SALAT Vermutlich stehen in Ihrem Regal auch welche – Kochbücher mit Anregungen zur Komposition verführerischer Salate. Bunte Vielfalt macht Sie darin auf allen Seiten an, denn nichts ist (auch kulinarisch) langweiliger als immer nur die monochrom grünen Blätter vom Kopfsalat mit Einheitsdressing vor den Mund zu nehmen. Zum Salat gehört also gleichsam von Natur aus eine fein abgestimmte Zusammenstellung ausgewählter Zutaten, und deshalb ist ein gemischter Salat genau genommen eine ebenso unnötige Begriffshäufung wie weißer Schimmel oder heißes Feuer. Ursprünglich muss Salat eine Menge mit Salz zu tun gehabt haben, denn das italienische Stammwort *insalata* bedeutet so viel wie Eingesalzenes.

Wenn nun der rote Radicchio, der fetzige Frisée, die fein gewürfelte Tomate, dazu knusprige Pinienkerne, gelbe Maiskörner, ein paar dunkelblaue Oliven neben weißen Chicorée-Streifen und ein wenig Käse auf Ihrem Teller thronen, dann haben Sie den Salat – eine bunte, weitgehend ungeordnete Mischung und damit gleichsam einen weiteren Beweis für den Zweiten Hauptsatz der Thermodynamik. Genauso ist im übertragenen Sinne die Redensart zu verstehen: Sie bezeichnet ein plötzliches Durcheinander, wüsten Wirrwarr oder willkürlich Zusammengewürfeltes und meint fast immer etwas Unangenehmes mit klaren Anklängen an ein Chaos, das eventuell nicht einfach zu bewältigen ist.

Liegen wie die ÖlSARDINEn Heringen, Sprotten und Sardinen ist gemeinsam, dass sie als eng beieinander schwimmende Schwarmfische im freien Wasser unter der Küste oder in der Hochsee leben und so bzw. noch enger gepackt als Dosenware in Öl enden – geräuchert oder mariniert, aber auf jeden Fall eng gepackt, denn die schlanke Fischgestalt ermöglicht zur Freude der Verpackungslogistiker ein geradezu optimales Verhältnis von Dosenvolumen und Doseninhalt. Die nahezu lückenlos in der charakteristisch flachen Konservendose liegenden Fische gaben das direkte Modell zum Bild vom äußerst beengten Aufenthalt im überfüllten Raum – beispielsweise 300 Studenten in einem Hörsaal für 120, die Weltrekordinhaber (27 Japaner) beim Befüllen einer Telefonzelle oder die Besucher eines Popkonzertes direkt vor der Bühne. Nachträgliche Positionsveränderungen, beispielsweise durch Umfallen, sind hier schlicht unmöglich.

Die SAU rauslassen Trotz ihrer hohen Wertschätzung als Fleisch- und Fettlieferanten, galten Schweine allgemein auch als unrein, unflätig und lüstern. „Die (seine) Sau rauslassen" bedeutet schlechtes Benehmen und unflätiges Reden. Eine Beschäftigung, die besonders bei Männern, die in Gruppen auftreten und sich durch Verhalten oder Kleidung als „Vereinsangehörige" fühlen, vom Militär bis zum Sport- und Kegelclub, von Zeit zu Zeit recht beliebt ist. Wenn eine Sau quiekend durchs Dorf getrieben wird, fällt sie allen Mitbewohnern auf. So kann sich jemand wie eine „arme Sau" fühlen, der von anderen bloßgestellt und vorgeführt wird.

Wie eine gesengte SAU

benimmt sich ein unberechenbarer Mensch. Ein Schwein wird unberechenbar, wenn ihm gerade eine Marke (ein Kennzeichen) des Besitzers eingesengt (= gebrannt) wird, damit sie vom Schweinehirten nicht verwechselt werden kann. Dann läuft die Sau vor Schmerzen laut quiekend wie besessen davon. Manch ein Auto- oder Motorradfahrer verhält sich so ähnlich im Straßenverkehr, und das ganz ohne ein frisches Brandzeichen.

Das schwarze SCHAF

Bei gründlicher Suche ist es in (fast) jeder Familie zu finden. Das schwarze Schaf zeichnet sich durch eine, vom Rest der Familiensippe abweichende Lebenseinstellung und -art, meist eine lockere, aus, die nicht selten zu Konflikten mit geltenden Gesetzen (Rechtsnormen wie reine „Familiengesetze") führt. Schon bei 1. Moses 30,32 steht zu lesen: „Ich will heute durch alle deine Herden gehen und aussondern alle gefleckten und bunten Schafe und alle schwarzen Schafe und die bunten

und gefleckten Ziegen …" Die Bunten sind bei Schafen wie bei Hunden (vgl. S. 60) eher auffällige Ausnahmeerscheinungen. Wer dann noch Schaf heißt und schwarz (= böse) ist, der hat den Negativstempel weg. Dabei kann ein schwarzes Schaf durchaus das Salz in einer sonst faden Familiensuppe sein.

Die (sein) SCHÄFCHEN ins Trockene bringen

Im übertragenen Sinn meint die Redensart, sich einen (geldwerten) Vorteil sichern. Ihren Ursprung hat sie im bäuerlichen Leben und der Schafzucht. Dabei haben Schafe dank ihres fettigen, wasserabweisenden Fells wenig Probleme mit Nässe von oben. Wo sollte zum Beispiel ein Wander-

schäfer seine Herde bei plötzlichem Starkregen denn auch schnell unterstellen können? Auf die richtige Spur führt uns v. Rohr in seinem „Hauswirtschaftsbuch" von 1772: „Die sumpfigen Wiesen und Teichtriften sind den Schafen über die Maasen schädlich, aber die Weide auf hohen Feldern, Gehölzen und Bergen ist ihnen zuträglich." Was man damals noch nicht wusste: Auf sumpfigen, nassen Wiesen werden Schafe häufig vom Leberegel befallen, verbunden mit hohen Verlusten durch Massensterben. Wer eine trockene Wiese besitzt, oder sein(e) Schäfchen rechtzeitig ins Trockene treibt, hat sein Kapital in Sicherheit.

Den AmtsSCHIMMEL reiten

Damit ist wohl weniger der Schimmelpilz gemeint, der auf manch alten, liegen gebliebenen Amtsakten „reitet". Die Redensart geht vielleicht auf die früheren, berittenen Amtsboten zurück oder, was nicht ganz unplausibel klingt, ist es die Verballhornung eines in Österreich gebräuchlichen, vorgedruckten Musterformulars „Simile" (= ähnlich), auf dem Angelegenheiten nach dem „Schema F" geregelt werden. Auch wenn heute berittene Amtsboten ausgestorben sind: Similes gibt's immer noch. Und „der Amtsschimmel wiehert" manchmal munter weiter, trotz Bürokratieabbau und bürgerfreundlicher(er) Verwaltung.

Eine SCHLANGE am Busen nähren

Seit dem Altertum kennt man die Redensart von der Schlange, die am Busen genährt wird. Sie versinnbildlicht eine gute Tat oder steht für das Vertrauen in einen Freund/eine Freundin, der/die sich aber später als undankbar, verräterisch oder sogar als gefährlicher Feind entpuppt. Vielleicht spielte beim Entstehen der Redensart auch Kleopatra eine tragende Rolle, die als berühmte, äußerst hübsche Selbstmörderin sich von einer Giftschlange in den Busen beißen ließ. Nachdem das Beißen auch an „Aussaugen“ oder „Nähren“ erinnert, finden sich Darstellungen von Schlangensäugerinnen im kirchlichen Mittelalter, vielleicht ein Nachklang zur antiken Darstellung der eine Schlange nährenden Erdmutter Terra. In der christlichen Symbollehre ist die Schlange auch die Versuchung zum Bösen, der geistliche Tod des Menschen. Die Ausdrücke „falsche Natter“, „falsche Schlange“ oder „Giftschlange“ für verführerische, aber bösartige Frauen sind von diesen christlichen Vorstellungen gar nicht so weit entfernt.

SCHMETTERLINGE im Bauch haben

Wer wie ein Schmetterling von Blume zu Blume flattert, genießt die Gunst vieler Frauen durch häufigen Wechsel seiner Partnerinnen. Er ist so treulos und flatterhaft wie das als „Schmetterling“ bezeichnete, flatterhafte Mädchen. Sind wir im Vergleich nicht selbst solche Geschöpfe, sondern spüren wir diese in unserem Bauch, haben wir uns ganz einfach heftig verliebt. Das ist, wie wir wissen, ein sehr schönes Gefühl. Und Schmetterlinge sind dafür der passende Vergleich. Schließlich leben diese geflügelten Geschlechtstiere, im Gegensatz zu ihrem vorangegangenen, gefräßigen Raupenstadium, fast ausschließlich für die Lust und die Liebe. Kann denn Liebe Sünde sein?!

Jemanden zur SCHNECKE machen

In der zoologischen Systematik gehören die Schnecken zu den so genannten Niederen Tieren. Beim Blick auf eine Nacktschnecke, die zum Salatbeet unterwegs ist, gewinnt der Begriff eine neue Bedeutung: Der Hobbygärtner unterstellt seinem Konkurrenten natürlich niedere Motive, und besonders hoch ist eine solche Schnecke schließlich auch nicht. Sie lebt zwar auf großem Fuß – die gesamte Bauchseite ist ihr Fußorgan. Bei Störung zieht sich eine Landschnecke sofort zusammen, und dann schrumpft eine zehn Zentimeter lange Rote Wegschnecke fast auf ein Viertel. Die Arten mit Gehäuse verkriechen sich dagegen in ihr tragbares Eigenheim und sind dann von außen nicht mehr zu sehen.

Wer in der Hackordnung des Betriebs oder Vereins (auch in Familien soll es vorkommen) ganz unten steht, fristet vermutlich ein freudloses Dasein. Wenn man ihm dann von oben auch noch kräftig zusetzt, knickt die oder der Betroffene vollends ein und möchte sich am liebsten ganz verkriechen. Dann hat man sie oder ihn eben erfolgreich zur Schnecke gemacht.

Eine SCHWALBE macht noch keinen Sommer

„Und dieser Sommergast, die Mauerschwalbe, die gerne der Kirche heiliges Dach bewohnt, beweist durch ihre Liebe zu dem Ort, dass hier des Himmels Atem schmeckt“, dichtet Shakespeare in „Macbeth“ und setzt damit den allseits beliebten Frühlingsboten ein literarisches Denkmal. Obwohl die Erfahrung „eine Schwalbe macht noch keinen Sommer“ uralt und weit verbreitet ist, wurde ihr erstes Auftauchen stets mit unterschiedlichsten menschlichen Glückserlebnissen in Verbindung gebracht, die vom Partnerfinden im gleichen Jahr, über Reichtum bis hin zu sommersprossen- , hautflechten- und kopfschmerzfreien Zeiten führten. Der Sommer allerdings hielt dann erst Einzug, wenn sie alle da waren, um vor unseren Augen in Viehställen oder unter Dachvorsprüngen in ihren kunstvoll gebauten Viertel- und Halbkugelnestern zu brüten, „unsere“ Rauch- und Mehlschwalben.

SCHWANengesang Das ist sein eigener „Abgesang“, seine letzte Rede, sein letztes Werk, sein letzter Auftritt als Künstler/Schauspieler. Bis ins alte Griechenland lässt sich die Redensart zurückverfolgen. So verglich Aischylos die letzten bedeutungsvollen Worte eines Menschen mit dem Todeslied des Singschwans. Er lässt im „Agamemnon“ Klytämnestra von der Seherin Kassandra sagen: „Das sie nach Art des Schwanes letzte Todesklage zu singen anhob.“ Auch in der germanischen Mythologie galten Schwäne als Vögel der Weissagung, als prophetische Tiere. So meint der Ausdruck „mir schwant nichts Gutes“ ich ahne nichts Gutes voraus. Allein mit dem Schwanengesang ist es nicht weit her. Vielleicht war es das weit hörbare singende Fluggeräusch des Höckerschwans, das den Anlass zur Legende vom Schwanengesang gab. Schon früh wieder in Frage gestellt, gibt es trotzdem immer wieder Erklärungsversuche für den Schwanengesang. So beschreibt etwa Tiervater Brehm die wechselnden hohen und tiefen Töne der Singschwäne, deren Tonfolge den Eindruck eines Gesanges wiedergeben und kommt zum Ergebnis: „Der Schwanengesang dieser schönen Tiere; denn da diese in tiefen Wassern ihre Nahrung suchen müssen, ist oft Nahrungsnot – in der Kälte Erstarrung ...; aber bis an ihr Ende lassen sie ihre klagenden und doch hellen Laute hören ...“ Und der Vogelkenner Naumann berichtet von einem zahmen Schwan, der im Sterben traurig angenehme Töne, fast wie Singen, von sich gab. Bei der Mystik des Schwans kann er doch nicht ganz tot sein, der Schwanengesang ...

SCHWEIN gehabt

„Glück gehabt“ meint diese Redensart. Wegen seiner bauchigen Gestalt wurde das Schwein seit dem 17. Jahrhundert zur liebsten Form der Geldaufbewahrung, zum Glücksschwein als Spardose. Dabei halfen dem Schwein in Spardosenform zweifellos die symbolischen und echten Werte des Hausschweins für Glück, Fruchtbarkeit (Vermehrungsfähigkeit) und Wohlstand. Wer früher (ein) Schwein hatte, konnte sich glücklich schätzen nicht hungern zu müssen.

Seinen SENF dazu geben

Der Weiße Senf und der Schwarze Senf sind zwei eng verwandte, gelb blühende Kulturpflanzen aus der Familie der Kreuzblütengewächse, die heute weltweit angebaut werden. Ihre kugelrunden Samen enthalten besondere Inhaltsstoffe, die beim Zerkauen oder Zermahlen scharf-aromatisch schmeckende Senföle abspalten – die hauptsächlichen Geschmacksträger der öligen Würzpaste, die in Griechenland schon im 4. Jahrhundert v. Chr. beliebt war. Zusätzliche Würzkraft erhält sie sortenabhängig durch weitere Scharfmacher, darunter Weinessig, Meerrettich und Cayennepfeffer. Da die empfehlenswerte bzw. zumutbare Menge natürlich eine Frage des individuellen Geschmacks ist, kann jemand, der unaufgefordert seinen Senf dazu gibt – indem er überflüssigerweise seine Kommentare abliefert – einen angenehmen Gesamteindruck nachhaltig verderben.

Ungebetene Senfdosierungen sind also eine klare Ablehnung einer Einmischung. Im Niederländischen gibt es die nette Wendung „de mostaard kriebelt hem in de neus“ (= „der Senf steigt ihm in die Nase“), wenn eine unbedachte Äußerung zur Verärgerung führt. „Einen langen Senf machen“, bildlich die stark verdünnte Senfsoße, bedeutet unnützes Gerede und langatmige, weitschweifige Auslassungen über Nebensächlichkeiten.

SESAM, öffne dich! Was haben die hellgelben Körner auf dem knusprigen Frühstücksbrötchen mit der berühmten Märchensammlung aus 1001 Nacht gemeinsam? In beiden Fällen spielt der Sesam eine Rolle, einmal als geschmacksverbessernde Zutat, andererseits als Zauberformel in der Geschichte von Ali Baba, mit der sich die tief im Berg verborgene Schatzhöhle der 40 Räuber öffnen lässt. Die alte Kulturpflanze Sesam ist zweifellos ein besonderer Schatz. Die heutzutage rund um den Indischen Ozean in Mengen angebaute, bis zu zwei Meter hohe einjährige Pflanze braucht nur etwa zehn Wochen, um zu keimen, zu wachsen und Samenkörner in den Kapseln zu bilden. Ihr Öl ist reich an ungesättigten Fettsäuren und daher für die gesunde Ernährung besonders wertvoll. In China und Indien galt es daher schon immer als lebensverlängernd. In den Anbaugebieten erntet man die Pflanze kurz vor der Vollreife und hängt sie in Bündeln über ausgebreiteten Tüchern auf. Jetzt heißt es auch hier „Sesam, öffne dich“ – die reifen Kapseln platzen beim weiteren Trocknen auf und lassen ihre zahlreichen Samen herausrieseln. Die Kapselöffnung, die den (öl)reichen Inhalt frei setzt, ist wohl der Anknüpfungspunkt zu den Tresoren von Ali Babas Ganoventeam. Im übertragenen Sinne zitiert man das orientalische Passwort beim vergeblichen Versuch, für ein verzwicktes Problem eine Lösung zu finden.

Besser den SPATZ in der Hand als die Taube auf dem Dach

Spatzen, genauer Haussperlinge, waren früher in großen Mengen in jeder Siedlung zu Hause. Viele von ihnen wanderten, als es bei uns noch üblich war, Vögel zu fangen, in den Kochtopf. Obwohl an so einem Spatz wenig dran ist, war es allemal besser ihn in der Hand (oder auf dem Tisch) zu haben als die schwer erreichbare Taube auf dem Dach lediglich zu begehren. Schließlich ist ein kleinerer, aber sicherer Gewinn besser als großen unerfüllten Hoffnungen nachzuhängen. Kleinvieh macht eben auch Mist! In Holland heißt's übrigens: „Beter een vogel in de hant al thien in de loght!"

Das pfeifen die SPATZen vom Dach

Sowohl sein wissenschaftlicher Name *Passer domesticus,* wie seine Volksnamen Strosse- (= Straßen-), Stadt-, Dach- oder Gartenspatz, im Hinblick auf seine Vorliebe für Getreide auch Speicherdieb, Kornwerfer, Korn- und Felddieb, belegen einerseits seine Popularität, zum anderen auch sein Negativimage als unordentlicher, aufdringlicher Vogel. In Leipzig beispielsweise beschimpfte

man den Spatz mit Dachscheißer, und von da oben sind häufig die geschwätzig klingenden Laute ganzer Spatzengesellschaften zu hören, als ob sie alles weitertratschen wollten, was unter den Dächern und auf der Straße passiert. Allerdings werden menschliche Geheimnisse, die oft sehr schnell keine mehr sind, von anderen als von Haussperlingen weitergetragen.

Du (siehst aus wie ein) DreckSPATZ

Wie alle Vögel betreiben Spatzen ausführliche Gefiederpflege. Und dies geschieht sowohl mit Wasser- als auch mit Staubbädern. Das häufige, oft als „Gemeinschaftserlebnis“ durchgeführte im Staub und Dreck Baden oder Wälzen, brachten viele Menschen mit Unreinheit in Verbindung. Auch die „liederliche“ Nestbauweise unter Dachvorsprüngen oder in Mauerritzen an Wohnhäusern hat dem Spatz sein Negativimage als Dreckspatz eingebracht. Dabei hilft das Staubbad als Komfortverhalten gegen lästige Gefiederparasiten. Und der „unordentliche“ Nestbau mit Stroh und Grashalmen zeigt nur die Verwandtschaft unserer Sperlinge mit den, zugegeben geschickter bauenden, afrikanischen Webervögeln. Und noch etwas am Spatz wirkt „liederlich“: seine scheinbar kaum zu überbietende Ausdauer bei der physischen Liebe. Was Konrad von Mengenberg zur Schlussfolgerung kommen lässt: „allzu viel ist ungesund.“ Nur kein Neid, Herr von Mengenberg!

Schimpfen wie ein RohrSPATZ

„Aus den Schilffeldern, welche die Ufer umsäumen, ruft ein Vogel ohne Unterlass „karra, kara, karrn – kint, kint, kint“, weshalb man ihn in Holland Karrakind nennt. „Das Karra-Karrn macht ganz den

Eindruck, als sei es dem Froschkonzert entlehnt; das Kint-Kint klingt mehr rufend oder schreiend als pfeifend und liegt mindestens eine Quinte höher als das Schnarren und Karren", schreibt Alwin Voigt (1892) treffend über die Lautäußerungen eines Vogels aus der Familie der Zweigsänger, den Teichrohrsänger. Dieser Vogel wirkt im Aussehen und Gesang wie die „Kleinausgabe" des Drosselrohrsängers, dessen volkstümliche Namen Rohrschliefer, Rohrsperling, Rohrnachtigall und eben „Rohrspatz" sind. Die wie Geschimpfe klingenden Laute aus dem Rufrepertoire der Rohrspatzen führten im 18. Jahrhundert zum redeartlichen Vergleich: „Sie schimpfte wie ein Rohrsperling, wenn man sie wollte necken." Nicht Neckereien, sondern Beunruhigungen oder Störungen von außen bzw. Zanksucht untereinander veranlassen „echte Rohrspatzen" zu schimpfen.

SPINNE(n) am Morgen …

Seltsamerweise hat die Sympathie für manche Tiere mit der Anzahl von deren Beinen zu tun: Die beinlosen Schlangen haben nach verbreiteter Einschätzung ebenso wenig Kuschelqualität wie die achtbeinigen Spinnen. Obwohl Schlangen wie Spinnen tatsächlich ungewöhnlich interessante Tiergruppen sind, können sich dafür offenbar nur Fachleute so richtig begeistern. Eine Spinne mit ihren langen, behaarten Beinen und den drohend dreinblickenden Augenpaaren bedeutet für viele Menschen Horror pur. Insofern mag man ansatzweise verstehen, dass die Spinne am Morgen Kummer und Sorgen auslöst. Meist ist jedoch die eigentlich faszinierende Spinne das Opfer, denn sie endet – völlig ungerechtfertigt – unter dem Pantoffel oder im Staubsauger. Aber warum soll sich diese morgendliche Problembegegnung am Abend in erquickend und labend umkehren?

Völlig klar – im Blick auf eine Spinne macht das Sprichwort beim besten Willen keinen Sinn. Es erklärt sich aber sofort, wenn man es auf die von den Achtbeinern abgeschaute Tätigkeit des Spinnens bezieht. Wer bereits am Morgen am Spinnrad sitzen musste, hatte einen miesen Job am Rande des Existenzminimums, und das bedeutete zweifellos Kummer und Sorgen. Fand man sich dagegen am Abend in der Spinnstube ein, war fröhliche Geselligkeit angesagt und die abendliche Arbeit hatte – wie man heute sagen würde – einen hohen fun factor. Da man sich beim Hantieren mit dem Spinngut so manche Geschichte erzählte und dabei vermutlich dann und wann die Fantasie durchging, erfuhr das Spinnen mit der Zeit einen bemerkenswerten Bedeutungswandel: Die frei erfundene Erzählung ersetzte schließlich die handwerkliche Tätigkeit. „Der spinnt sich wieder etwas zusammen" ist die konsequente Reaktion auf die unglaubwürdige Geschichte eines Spinners. Wer damit die Geduld seiner Mitmenschen überstrapaziert, macht sich eventuell „spinnefeind". Dieser Vergleich beruht darauf, dass bei manchen Spinnenarten die Weibchen den Paarungspartner noch während der Begattung verspeisen.

STIELAUGEn bekommen Das hat man doch schon einmal erlebt: Kaum ist im Eiscafé der leckere Früchtebecher serviert, bekommen die Kinder – und eventuell auch deren Mütter – an den Nachbartischen Stielaugen. Ähnlich mag der ansehnliche Ausschnitt der Serviererin auf die männlichen Gäste wirken. Betonte Appetitlichkeit erzeugt erfahrungsgemäß neidisch-neugierige oder begehrlich-unersättliche Blicke. Die bekannte Redewendung übertreibt dazu ein wenig die zugehörige Augenanatomie, wenn sich ein Gegenüber in deutlich erkennbarer Weise angeknipst fühlt. Die Steigerung dieses Bildes ist die Formulierung „ihm fielen fast die Augen aus dem Kopf". Aus dem Kopf an Stielen ausgelagerte Augen gibt es im Tierreich tatsächlich. Bekannte Beispiele sind die Rote Wegschnecke oder die Weinbergschnecke , deren Augen am Ende einziehbarer Fühler sitzen. Geradezu kurios sind die vor allem in den Tropen verbreiteten Stielaugenfliegen mit kugeligen Komplexaugen auf bizarr verlängerten seitlichen Fortsätzen des Kopfes. In eigenartigen Wettbewerben, die an das Gerangele brünftiger Hirsche erinnern, vergleichen die Fliegenmännchen die Spannweite ihrer Augenstiele und nur die Rekordverdächtigen dürfen anschließend die besten Balzplätze zum Anlocken der Weibchen besetzen. Schließlich tragen sehr viele Krebstiere ihre beweglichen Komplexaugen auf Stielen, die deutlich über ihren Panzer hinausragen – die Strandkrabbe ebenso wie Taschenkrebs, Languste oder Hummer.

Den STIER bei den Hörnern packen

Es darf in der Redensart auch ein Bock sein, den wir bei den Hörnern fassen. In beiden Fällen wird das Tier dort gepackt, wo es seine beste Wehrkraft besitzt. Im übertragenen Sinn sollte man die größten Schwierigkeiten, den schwersten Gegner zunächst angehen, aus dem Weg räumen, um eine Sache, ein Unternehmen

erfolgreich weiter durchführen oder den einzig richtigen Weg weiter gehen zu können. Schwierigkeiten die Stirn bieten, sich einem (einer) Wütenden zu stellen braucht Mut, ist aber meist erfolgreicher und gibt mehr Selbstvertrauen als die Feigheit vor dem Feind.

Wie ein STORCH im Salat Bei den beiden heimischen Storchenarten, dem in der Fabel auch als Adebar bekannten Weißstorch und dem sehr zurückgezogen lebenden Schwarzstorch, sieht es äußerst grazil und elegant aus, wenn sie mit ihren langen, schlanken Beinen vorsichtig durch die Vegetation schreiten und ihr spitzes Mundwerk auf eine potenzielle Beute richten. Beim Menschen wirkt ein vergleichbarer Bewegungsablauf dagegen geziert, geckenhaft und meist sogar lächerlich. Wenn bei Modeschauen die ultrarappeldürren Mannequins über den Laufsteg staksen, fühlt sich der naturkundige Beobachter an eine Storchenwiese erinnert. Übrigens kommt der hochdeutsche Name Storch vom althochdeutschen *storchanen* (= starr werden) und bezieht sich auf die steife Haltung des Vogels, wenn er auf Beute lauert.

Da hat er kräftig SÜSSHOLZ geraspelt Bevor die moderne Diätchemie synthetische Süßstoffe wie Aspartam, Cyclamat und Saccharin zur Hand hatte, konnte man jemandem das Leben dadurch versüßen, dass man ihm (oder ihr) Honig um den Mund schmierte bzw. Zucker aus Rohr oder Rübe in den Kaffee rührte. Ausnahmsweise enthalten einige Pflanzen natürliche Süßstoffe, die in der Kalorientabelle nicht zu Buche schlagen. Eine davon ist das im Mittelmeergebiet beheimatete Süßholz, eine Staude mit liegenden Stängeln. Schon im frühen Mittelalter verwendete man die kräftig süß schmeckenden und leicht verholzten Wurzeln – deutsch müsste sie also eigentlich, wie es der wissenschaftliche Gattungsname korrekt vorgibt, Süßwurzel heißen. Ihr süßer Inhaltsstoff heißt Glycyrrhizin und hat etwa die 50-fache Süßkraft von normalem Haushaltszucker. Aus den kräftigen Wurzeln lässt sich durch Auskochen ein klebriger, schwarzbrauner, erstarrender Saft gewinnen. Lateinisch nannte man ihn zunächst *liquor radicis* (= Wurzelflüssigkeit), woraus im späteren Mittelalter *liquiritia* und in der Neuzeit schließlich Lakritze wurde. Bei einer kalorienbewussten Dame heftig Süßholz zu raspeln, statt mit der Pralinenschachtel zu rascheln, könnte man als Rücksichtnahme auf den Diätplan auslegen. Nun ist die Raspel allerdings ein eher grobschlächtiges Instrument. Süßholz zu raspeln ist demnach wohl doch nicht die ganz feine Art, gut dosierte Schmeicheleien wirkungsvoll anzubringen. Womöglich wäre eine Tüte Lakritzkatzen eher angesagt.

Der hat nicht alle Nadeln an der TANNE

Solche und ähnliche Wendungen sollen ausdrücken, dass jemand nicht recht bei Verstand ist und offensichtlich nicht alle seine Sinne beisammen hat oder sie zumindest nicht in der richtigen Reihenfolge wirken lässt. Die Formulierung von den „Nadeln an der Tanne“ erinnert stark an die umgangssprachlich etwas geläufigere mit den fehlenden „Tassen im Schrank“. In beiden Fällen dürfte die sprachmelodisch recht hübsche Reihung von a-Vokalen für die Beliebtheit ausschlaggebend gewesen sein, wobei sich für die Tassen zudem eine Ableitung vom jiddischen Wort *toschia* (= Klugheit) anbietet. Wo der Verstand offenkundig fehlt, ist der Kopf ein Notstandsgebiet.

Wie von der TARANTEL gestochen

Die Redensart ist weithin bekannt, das ihr zu Grunde liegende Tier deutlich weniger: Die meisten nehmen an, es müsse wohl ein schmerzhaft zulangender Angreifer aus der Verwandtschaft der Wespen und Hornissen sein. Wer dagegen die Tarantel bei den Spinnen einordnet, liegt richtig – nicht jedoch mit der verbreiteten Einschätzung, es handele sich dabei um eine der gefährlichsten Giftspinnen überhaupt. Gewiss: Man spürt es natürlich, wenn sie ihre Giftklauen in die Haut versenkt, aber gefährlich oder auch nur kritisch ist diese Attacke keineswegs. Diese Einschränkung macht die Spinne allerdings kaum sympathischer. Weithin sind sie – für einen Naturfreund kaum nachvollziehbar – als Ekeltiere verschrien. Die nach der süditalienischen Stadt Tarent/Taranto benannten Taranteln sind viel harmloser als ihr schlechter Ruf. Bei der in Südeuropa am weitesten verbreitete Art, der Apulischen Tarantel (*Lycosa tarentula*), sind die gelbbraunen Weibchen höchstens 30 Millimeter lang, die weißgrauen Männchen allenfalls 25 Millimeter. Lange Zeit glaubte man, ihr Biss löse den so genannten Tarantismus aus, eine Erkrankung mit nicht selten tödlichem Ausgang. Heute weiß man, dass hinter diesem Krankheitsbild eine erbliche, stoffliche Fehlsteuerung des zentralen Nervensystems steckt, die zunehmend die Bewegungskoordination beeinträchtigt. Diese Störung des Gehirnstoffwechsels nennt die moderne Medizin Chorea Huntington – populärer ist die frühere volkstümliche Bezeichnung Veitstanz. Im Prinzip erkannte bereits 1623 der italienische Arzt und Naturforscher Ulisse Aldrovandi, dass der Tarantelbiss damit nicht in Zusammenhang steht. Vor seiner Zeit war es üblich, die von einer Tarantel Gebissenen, die Tarantolati, mit Geigenspiel und wildem Dauertanzen zu heilen. Diese naive Musiktherapie lebt in der Tarantella fort, der Bezeichnung für süditalienische Tanzlieder.

Das war starker TOBAK! Die EU-einheitlichen Warnhinweise auf Zigarettenschachteln reden eine deutliche Sprache: Was sich außer dem Alkaloid Nicotin im teerähnlichen Kondensat im Rauch verkokelter Tabakblätter an organischer Chemie findet, klingt schon von den Substanzbezeichnungen her völlig ungesund. Nicotin ist abgeleitet vom wissenschaftlichen Gattungsnamen *Nicotiana* des Tabaks und ehrt den französischen Diplomaten Jean Nicot, der um 1560 Tabakpflanzen an Katharina von Medici sandte und den Anbau empfahl. Der vollständige wissenschaftliche Artname lautet *Nicotiana tabacum;* der zweite Bestandteil geht auf das spanische *tabaco* zurück, womit jedoch nicht die Tabakblätter, sondern die Rauchinstrumente der Indianer Haitis bezeichnet wurden. Herkunfts- und sortenabhängig ist die Chemie des blauen Dunstes auch mengenmäßig recht unterschiedlich – neben leichtem gibt es eben auch starken Tobak, wie man in Norddeutschland sagt.

Das Sprichwort vom starken Tobak, womit man eine Zumutung, grobe Unverschämtheit oder sonstige Widerwärtigkeit bezeichnet, geht auf einen alten Schwank zurück: Der Teufel traf im Wald einen Jäger und fragte nach dessen Gewehr. Der Jäger gab dieses als seine Tabakspfeife aus, und als der Teufel einen Zug nehmen wollte, schoss ihm der Jäger eine Ladung Schrot ins Gesicht. „Das war aber starker Tobak", soll der Teufel daraufhin gesagt haben.

Du treulose TOMATE

Bei der schmackhaften und im vollreifen Erscheinungsbild so erfreulichen Tomate, deren nur kirschgroße Vorfahren aus den südamerikanischen Anden stammen und erst durch die iberischen Eroberer in Europa bekannt wurden, kann man trefflich darüber streiten, ob sie eigentlich zu den Obst- oder zu den Gemüsearten gehören. Die zur gleichen Familie gehörende Kapstachelbeere gilt eindeutig als Obst, die nahe Verwandte Aubergine indessen als Gemüse. Ein weiterer aufregender Streitpunkt betrifft die Frage, wie sie denn zur sprichwörtlichen Eigenschaft besonderer Treuelosigkeit kamen. Sind denn Äpfel, Auberginen oder Avocados wesentlich zuverlässiger?
Die Sache hat einen wirtschaftsgeschichtlichen und einen politischen Hintergrund. Bevor die Niederländer große Teile ihres Landes mit Gewächshäusern überzogen und den EU-Markt mit ihrem Gemüse bereicherten, kamen die Tomaten aus der Freilandkultur in Italien. Zu Beginn des 20. Jahrhunderts war das Wort Tomate schon fast ein Synonym für Italiener. Dann kamen die Wirren des Ersten Weltkriegs – die Italiener verließen ein Bündnis aus der Bismarckzeit und erklärten Österreich den Krieg, was man ihnen nördlich der Alpen sehr verübelte. Die „Tomaten" galten damit plötzlich als ziemlich treulos ...

TOMATEn auf den Augen haben

Für Männer hat der Blick in den Kosmetikratgeber einer typischen Frauenzeitschrift einen besonderen Unterhaltungswert, liefert er doch fast immer Erkenntnisse, die man irgendwo zwischen erstaunlich und absurd einordnen könnte: Da legen sich vielfältige Damen Gurkenscheiben auf die Wangen, pinseln sich alle möglichen Körperpartien mit Kräuterquark ein oder schwören auf die Wohltaten zerrupfter Meeresalgen, die duften wie eine Nordseefiliale. In dieses seltsame Szenario von Revitalisierungsritualen könnten auch die sprichwörtlichen Tomaten auf den Augen gehören. Die Sache hat indessen eine andere Bewandtnis, denn die Redensart bedeutet ursprünglich übernächtigt sein, mit verquollenen, geröteten Augen dreinblicken oder gerötete, eventuell entzündete Bindehäute zu haben, die den Blick trüben. Von solchen Farbbefunden war es nur noch ein kleiner Schritt zur heftigen Übertreibung bei gleichzeitigem Be-

deutungswandel: „Tomaten auf den Augen zu haben“, steht heute für nichts bemerken, etwas übersehen, für eine Sache blind sein oder keinen Durchblick haben. Kein Wunder, wo doch Tomaten überhaupt nicht durchsichtig sind ...

Das VEILCHEN blüht im Verborgenen

Manche Menschen fallen partout nicht auf. Nach außen erscheinen sie wie graue Mäuse (vgl. S. 90) und werden kaum bemerkt, obwohl sie trotz ihrer Zurückgezogenheit bemerkenswerte Qualitäten aufweisen können. In ihrer Unauffälligkeit, mit der sie nur wenig Aufmerksamkeit finden, erinnern sie an ein Veilchen, das kaum beachtet im Verborgenen blüht.

Vom sicherlich etwas protzigen Garten-Stiefmütterchen mit seinen großformatigen plakativen Blüten abgesehen, sind die heimischen Veilchenarten durchweg unauffällig. Da sie auch allesamt recht kleinwüchsig sind und nur selten höher als eine Handbreite werden, bilden sie jeweils die unterste Etage in einem Pflanzenbestand und werden hier folglich fast immer übersehen. Nur ihre tief dunkelblaue Farbe ist geradezu sprichwörtlich: Veilchenblau sein ist eine etwas krasse Umschreibung für den Zustand der Volltrunkenheit, und ein veilchenblaues Auge verrät eine handfeste Auseinandersetzung. Dabei ist die Veilchenblüte ausgesprochen hübsch. Bemerkenswert ist der meist hellgelbe Fleck in der Blütenmitte und visuelle Leitplanken in Form feiner, dunkler Striche, die den Blütenbesuchern den sicheren Weg zu den Nektarvorräten im rückwärtigen Blütensporn weisen. Nur: Die verdiente Beachtung findet ein Veilchen mit diesem aufregenden Blüten-Make-up trotzdem nicht, allenfalls bei den Blüten besuchenden Insekten, die deren spezielle Qualitäten schon einmal erkundet haben.

Das Bild vom zu Unrecht unbemerkten Veilchen am Wegesrand stammt aus dem bekannten Lied „Freut euch des Lebens“ des Schweizer Malers und Dichters Johann Martin Usteri (1763 bis 1827), in dem er naive, allein auf genügsame Bescheidenheit gegründete Lebensfreude thematisiert.

Einen VOGEL haben

Wenn jemand nach der festen Überzeugung seines Umfeldes „nicht ganz richtig im Kopf“ ist oder „nicht sauber tickt“ bzw. „einen Dachschaden hat“, liegen die Probleme offenbar in seinem Gehirn, obwohl die Neurobiologie den organischen Unterschied zwischen erbärmlich dumm und hochintelligent auch nach jahrzehntelanger Forschung nur ansatzweise erklären kann. Für den die Dinge immer ein wenig vereinfachenden Volksglauben vergangener Zeiten war die Sache dagegen völlig klar: Das erkennbar mangelnde Denkvermögen, das man erst etwa seit dem 15. Jahrhundert vom Herzen in das Gehirn verlagert hatte, wird nach damaliger Einschätzung durch Tiere im Kopf verursacht. Vereinfacht ausgedrückt: Wo sich bei einem halbwegs klugen oder intelligenten Menschen die Gehirnsubstanz zum Denken befindet, nisten nach naiver Vorstellung bei einem Dummen bzw. Minderbegabten wohl kleine Vögel.

„Der hat einen Vogel“, „bei dem piept's wohl“ oder „sie hat eine Meise unter'm Pony“ (vgl. S. 93) ist demnach, populärornithologisch gesehen, jeweils die nett umschreibende Aussage, dass der betreffende Gehirnschädel weitgehend leer ist und zum Nistplatz für Höhlenbrüter wurde. Wer jemandem einen Vogel zeigt, greift diese traditionelle Einschätzung auf und verweist – was übrigens strafrechtlich von Belang ist – unmissverständlich auf den vermuteten oder behaupteten Sachverhalt gefiederter Nachmieter im leeren Kopf.

Dass bestimmte Tierarten sich im Gehirn einnisten und durch Verdrängung oder Zerstörung der Gehirngewebe erhebliche Verhaltensstörungen hervorrufen, ist allerdings eine erwiesene Tatsache, wie das Beispiel des parasitischen Drehwurms zeigt (vgl. S. 151). Unsere gefiederten Freunde sind an solchen Symptomen aber mit Sicherheit gänzlich unbeteiligt.

Den VOGEL abschießen

Schützenvereine, hervorgegangen aus mittelalterlichen Bürgerwehren zur Selbstverteidigung, spielen mit ihrer langen Tradition regional im dörflichen oder kleinstädtischen Leben eine bedeutende Rolle. Das Schützenfest, wegen der kirchlichen Bindung der Vereine oft zusammengelegt mit der Kirmes, ist der feierliche Höhepunkt des ganzen Ortes. Zu diesem Zeitpunkt wird aus den Reihen der aktiven Mitglieder der neue Schützenkönig ermittelt. Dazu schießen die Schützen statt auf eine runde Zielscheibe meist auf einen stilisierten Vogel aus Holzteilen, der auf einer Stange montiert ist. Wer ihn mit einem gut gezielten Schuss als Ganzes oder seinen letzten Bauteil erwischt und damit den Vogel abgeschossen hat, ist nun für ein Jahr Schützenkönig. Im übertragenen Sinn steht die Wendung für eine herausragende und preiswerte Leistung, kann aber auch spöttisch für das Gegenteil gemeint sein: „Mit solch miesen Verkaufszahlen hast du mal wieder den Vogel abgeschossen".
Die Formulierung „den Vogel abschießen" bezeichnet gelegentlich auch den Erfolg beim so genannten Tontaubenschießen, das sogar olympische Disziplin ist. Bei den ersten Olympiaden schoss man tatsächlich auf lebende Tauben. Als Tierschützer heftig protestierten, wechselte man weise zu Tonscheiben, die eine Wurfmaschine durch die Luft wirbelt.

Ein Pech**VOGEL** sein

ist von der Vogelstellerei abgeleitet, die heute bei uns verboten und verpönt ist, im Mittelmeerraum allerdings immer noch praktiziert wird. Am Pech/Leim auf der Rute bleibt der arme Vogel kleben und geht zugrunde, um danach in der Pfanne zu landen. Er ist dem Fänger auf den Leim gegangen. Nicht nur Vögel, sondern auch Mäuse fing man früher mit Pech. So schrieb 1541 Sebastian Franck: „Die maus hat das bech, der vogel den leim versucht. Die maus weiß nit was bech, noch der vogel was leim ist, bis sie versuchen, etwa drob gefangen werden und schwerlich davon kommen." Pech gehabt! Pech ist schwarz und schwarz ist böse. Deshalb wird die Vorstellung von Hölle neben Feuer und Schwefel auch immer mit Pech in Verbindung gebracht. „Pech und Schwefel" bedeuten eigentlich „Feuer und Schwefel". So wie die faule Pechmarie im Märchen bestraft wurde, so „… ließ der Herr…" in 1. Moses 19, 24 „… Schwefel und Feuer regnen von dem Herrn vom Himmel herab auf Sodom und Gomorra …"

Nicht für einen **WALD** voll Affen

ist ein leicht veralteter und in der Umgangssprache daher nur noch wenig zu hörender Ausspruch, wenn jemand eine bestimmte Sache unter keinen Umständen oder um keinen Preis erledigen will, beispielsweise mit der Großtante zum Konzertabend mit Schubert-Liedern gehen oder die Einkäufe erledigen, während ein spannendes Fußballspiel läuft. Diese Redensart ist ein Zitat aus dem Drama „Der Kaufmann von Venedig" (3. Akt, 1. Szene) von William Shakespeare, in der es um das Verschenken eines wertvollen Ringes geht. Im Original lautet der Ausspruch „I would not have given it for a wilderness of monkeys", also eigentlich für eine Wildnis mit Affen. Die übliche Übersetzung klingt aber viel bildhafter. Allerdings ist aus der

Perspektive der Shakespeare-Zeit nur schwer vorstellbar, dass eine Wildnis mit Affen bzw. ein Wald voller Affen ein besonders wertvolles Gut darstellt, das man auf keinen Fall weggibt. In unserer Gegenwart unter dem Aspekt des schwindenden Artenreichtums mag man einen individuenreich besetzten Affenbiotop schon ganz anders bewerten.

Den WALD vor Bäumen nicht sehen

Abstrakte und konkrete Begriffe haben ihre feste Ordnung. Manche bezeichnen Hauptsachen, andere transportieren Nebensächlichkeiten. Was vor- und eher nachrangig ist, entscheidet oft erst der Zusammenhang der Aussage. Diese Erkenntnis liegt auch dem hübschen Bild vom Wald zu Grunde, den man als solchen gar nicht wahrnimmt, weil man zu sehr mit dem Vordergründigen, nämlich den einzelnen Bäumen, beschäftigt ist. Man steht also direkt vor dem Gesuchten, lässt sich aber durch Kleinigkeiten oder eine gewisse Detailfülle den Blick für das Ganze oder das Wesentliche verstellen, ist also in seiner Wahrnehmung gleichsam befangen. Ein solches wahrnehmungspsychologisch bemerkenswertes Bild mit mangelnder Übersicht und der Verwirrung durch zu viele Einzelheiten ist schon beim römischen Dichter Ovid belegt, und Goethe notiert in seinen „Materialien zur Geschichte der Farbenlehre“: „Man sieht lauter Licht, keinen Schatten, vor lauter Hellung keinen Körper, den Wald nicht vor Bäumen, die Menschheit nicht vor Menschen.“

Die Spreu vom WEIZEN trennen

Wenn ein Mähdrescher über das erntereife Getreidefeld rattert, sieht man vorne nur die Ähren tragenden Halme in den Maschinenschlund verschwinden und hinten das leere Stroh wegstieben. Als das Getreide noch auf der Tenne von Hand gedroschen wurde, stellte sich die Sache technisch anders dar. Die mechanisch aus den Ähren geprügelten Getreidekörner lagen nämlich anschließend in Haufen aus geknickten Halmen und gelockerten Spelzen. Im Wind oder später mithilfe eines Gebläses ließ sich die Spreu, die staubtrockenen leichten Spelzen, allerdings einfach vom eigentlichen Erntegut, den ungleich schwereren Körnern, absondern. Die Spreu vom Weizen sondern und sie als Spreu im Wind davon fliegen zu lassen, hat als Redewendung die Bedeutung, Wichtiges von Wertlosem zu trennen. Das Bild ist aus der Bibel entlehnt. Im Alten Testament findet es sich beispielsweise in Hiob 21,17 f sowie in Psalm 35,5, im Neuen Testament bei Matthäus 3,12.

Einen WERMUTstropfen in den Wein geben

Selbst das größte Vergnügen hat oft einen leicht bitteren Beigeschmack, auch wenn man sich dadurch die blanke Freude nicht massiv vergällen lässt. Meist gebraucht man dieses Bild in der gehoben poetischen und so erstmals bei Adalbert von Chamisso aufgetretenen Formulierung, dass ein bitter schmeckender Wermutstropfen in den Becher der Freude (oder ein Glas edlen Weins) fällt. Wermut ist eine angenehm aromatisch duftende Pflanze. Das betont bitter schmeckende ätherische Öl enthält unter anderem das stark giftige Thujon sowie den Bitterstoff Absinthin. Arzneilich nutzt man den Wermut bis heute in wässrigen, ölarmen Auszügen als Bitterstoffdroge bei Appetitlosigkeit und Verdauungsbeschwerden mit Blähungen, früher auch gegen Darmparasiten. Zeitweilig bereitete man aus der Pflanze ein Absinth genanntes hochprozentiges Destillat. Da sein hoher Thujon-Gehalt nicht ungefährlich war, führte missbräuchlicher dauernder Konsum zu körperlich-seelischem Verfall – eindrucksvoll dargestellt auf mehreren Gemälden aus der Zeit des Impressionismus. Wegen der Gefahr der Gesundheitsschädigung wird Absinth heute nicht mehr hergestellt. Wermutwein ist dagegen ein durchaus empfehlenswerter Apéritif. Er enthält kein Thujon, sondern nur noch die Wermut-Bitterstoffe und wird meist aus einer thujonarmen bzw. -freien verwandten Art, dem Römischen Wermut, hergestellt.

In ein WESPEnnest greifen

Gelber Hintergrund, schwarze Schrift und ein rotes Blitzsymbol: Vorsicht Starkstrom! Die Botschaft wird auch ohne detaillierte Lektüre des Warnschildes sofort erkannt, denn der verwendete Farbcode spricht für sich. Zumindest das kontrastreiche Gelb und Schwarz kennt man schließlich von den Wespen, deren durchaus schmerzhaften Stichen man gerne aus dem Weg geht. Dabei verhalten sich die Wespen nicht einmal dann besonders angriffslustig, wenn man sie vom Pflaumenkuchen auf der Kaffeetafel im Spätsommergarten verscheucht. Die größte heimische Faltenwespenart, die arg verschriene Hornisse, ist sogar ausgesprochen gutmütig bis furchtsam, wenn man ihr nicht gerade im engeren Bereich ihres Nestes begegnet. Hier und fast nur hier reagieren alle Wespenarten bei Störungen verständlicherweise ziemlich aggressiv, und der sprichwörtliche Griff in ein Wespennest ist eine Aktion, von der nachdrücklich und ganz dringend abzuraten ist. Bereits bei den Römern war das gefährliche Reizen der Hornissen (*irritare crabrones*) sprichwörtlich. Allein im Anblick eines Wespennestes – übrigens ein geradezu unglaubliches technisches Wunderwerk – in Panik zu geraten und die Feuerwehr mit seiner Beseitigung zu belästigen, ist in

den meisten Fällen völlig unnötig. Wespen sind weitaus nützlicher als gefährlich, und friedliche Koexistenz zwischen Mensch und Wespe ist selbst im Siedlungsraum möglich.
Außer ihrem mit allen Mitteln verteidigten Nest haben die hübschen Wespen noch ein weiteres Bild zur Umgangssprache beigesteuert – die Wespentaille. Schon vor fast 5000 Jahren gab es auf Kreta eine Damenmode mit stark eingeschnürter Taille, die die oben und unten anschließenden Rundungen noch betonter hervortreten lässt.

Stinken wie ein WIEDEHOPF

Dabei ist er optisch äußerst ansprechend, der Wiedehopf mit seinem bunten Gefieder, der aufstellbaren Federhaube und in seinem an einen Riesenschmetterling erinnernden Flugstil. Doch schon bei den Römern stand er wegen seines schmutzigen Nestes in schlechtem Ruf. Kothahn, Misthahn, Dreckvogel, Stinkvogel, Dreckkrämer, Stink-bird (engl.) oder Stinkhaan (niederländisch) sind nur einige seiner Stinknamen. Das Stinken hat jedoch für Wiedehopfe eine lebensrettende Bedeutung. Wenn sich die Junghopfe in ihrer leicht zugänglichen, oft bodennahen Bruthöhle bedroht fühlen, bombardieren sie unter zischendem Fauchen den Eindringling mit Kotspritzern. Wobei der Gestank nicht vom geruchlosen, dünnflüssigen Enddarminhalt herrührt, sondern ein Sekret ist, das aus der Bürzeldrüse gleichzeitig gegen den Störenfried verschossen wird. Auch das Wiedehopfweibchen produziert während der Bebrütungsphase dieses Sekret zur Selbstverteidigung. Die Redensart „stinken wie ein Wiedehopf" kennt man in der deutschen, englischen und norwegischen Sprache. Die Franzosen ziehen den Vergleich „sale comme huppe" (= schmutzig wie ein Wiedehopf). Für eine unsaubere Frau haben sie die Bezeichnung „Saloppe“ und für Schweinerei sagen sie „Salopperie“ (= Wiedehopferei). Weil Wiedehopfe mit dem gebogenen Schnabel gerne in Kot nach Insekten stochern, glaubte man, dass sie vorzugsweise Kot verspeisten und sogar Menschenkot in ihr Nest trügen. Na ja, vor dem Geruch auf manchen Toiletten braucht sich ein Wiedehopfnest nicht zu verstecken.

WOLF im Schafspelz

„Sehet euch vor den falschen Propheten, die in Schafskleidern zu euch kommen, inwendig sind sie reißende Wölfe“. So treten nach Matthäus 7,15 Scheinheilige bevorzugt auf, von denen es bis heute nicht gerade wenige gibt. Besonders schön wurde das verlogene Wesen bei Wegeler („Philosophia Patrum“) in einen Reim gegossen: „Oft aus Lammeshaut Wolfes Tücke schaut.“ Nehmen wir uns in Acht vor in Schafsfell gehüllten Wölfen.

Durch den WOLF drehen

Im Neuen Testament liest man bei Matthäus 7,15 einen warnenden Hinweis auf reißende Wölfe als Bild eines Menschen mit üblen Absichten. Nun kann man der Bibel tatsächlich nicht unterstellen, nennenswerte Beiträge zur naturkundlichen Allgemeinbildung geleistet zu haben, und so ist auch das üble Bild vom Zähne fletschenden, gefährlichen Wolf stark revisionsbedürftig. Aber es wirkt nach und führte letztlich dazu, dass diese interessante Wildtierart in Mitteleuropa spätestens seit dem 19. Jahrhundert systematisch ausgerottet wurde, obwohl kein einziger Todesfall dokumentiert ist. Wenn die Wolfsgene sich zum streichelzahmen Schoßhund entwickelt haben, stellt sich die Sache allerdings anders dar.

Den angeblich fürchterlichen Wolf, der alles zerreißt, was ihm in die Fänge gerät, missbrauchte man im 20. Jahrhundert als Bezeichnung für eine Fleischzerkleinerungsmaschine mit rotierenden Messern, die ein Stück Steak in Gehacktes bzw. Faschiertes zerlegt. Für den Hausgebrauch gab es diesen Fleischwolf in einer Ausführung mit Handbetrieb – betätigt durch eine Handkurbel. „Durch den Wolf drehen" bedeutet demnach, das Küchengerät nach Leierkastenmanier in Gang zu setzen und das Zerkleinerungsgut bis zur Unkenntlichkeit zu zerrupfen. Wenn man im übertragenen Sinne jemanden durch den Wolf dreht, meint man damit, ihn mit peinlichen Fragen attackieren oder mit harter Arbeit überhäufen. Auch unnachsichtige Kritiker drehen das Werk von Bühnenautoren, Filmemachern oder Komponisten mit harten Worten durch den Wolf.

Unter die **WÖLFE** geraten

will ausdrücken, der hat nichts mehr zu lachen. Wenn er sein Hab und Gut verliert und nicht dazu sein Leben, hat er fast noch Glück gehabt. Dieser Vergleich, wie alle Redensarten um den Wolf, stellt *Canis lupus* immer als blutrünstige, heimtückische Bestie dar. Die Vorstellung vom Sterben ist bei vielen Völkern eng mit dem Verschlungenwerden durch den Wolf verbunden. Wolf wie Hund gelten als Totentiere und nahmen in der Vorstellung der Menschen ihren Platz oft in der Nähe des Teufels ein. Selbst hinter dem alten Kindermärchen „Rotkäppchen" verbirgt sich die uralte mythologische Geschichte vom Verschlungenwerden durch den Wolf. Nicht umsonst wurden Wölfe zu allen Zeiten gnadenlos verfolgt und in vielen ihrer Vorkommensgebiete ausgerottet. Es braucht noch viel Verständnis für diese faszinierenden Tiere, damit die Rückkehrer in unsere Heimat den ihnen zustehenden Platz behalten können.

Mit den WÖLFEn heulen

Das gemeinsame, weit hörbare Heulen von Wolfsrudeln dient der Verständigung untereinander. Seit dem Spätmittelalter heulte man schon mit den Wölfen, wenn man sich für seine Äußerungen oder Handlungen entschuldigen wollte, die sich nach einer schlechten Gesellschaft ausrichteten. Das Sprichwort hat sich dahingehend verändert, das man mit den Wölfen auch dann heult, wenn sich einer einfach der oder gar jeder Umgebung anpasst. Ob es in England heißt „who keeps company with wolves, will learn to howl" oder Agricola meint: „Wer unter Wölfen ist, muss mitheulen". Sicher ist jedenfalls, dass das Mitheulen, wenn es nicht mit schlechtem Umgang verbunden ist, durchaus bindungsverstärkend wirken kann wie bei einem Wolfsrudel. Ludwig Körner, Präsident des Deutschen Bühnenklubs Berlin, reimte deshalb treffend:

„Mit den Wölfen muss man heulen,
Eine alte Weisheit spricht,
Aber mit dem Schwein zu grunzen,
Braucht man drum noch lange nicht."

An diese Lebensweisheit sollten wir uns halten.

Sich winden wie ein WURM

Wer nicht mit der Sprache heraus will, etwas zu verbergen sucht, nicht zugeben will, sich hilflos sträubt und letzten Endes unterwürfig beugt, windet oder krümmt sich wie der Wurm als Lockmittel für Fische an der Angel. Bereits um 1300 schrieb

Heinrich von Neustadt („Apollonius"): „Du leydest manigen sturm, das du dich pewegst als ain wurm". Würmer sind nicht gerade beliebte Tiere. Zumal wir einige nicht nur aus der Erde ziehen, wie den Regenwurm für den Angelhaken, sondern andere obligatorisch oder gelegentlich (Band- und Spulwürmer) in uns tragen. Früher glaubte man, dass Krankheitsdämonen in Wurmgestalt eine Reihe von Krankheiten verursachen, etwa Magen-, Leber-, Ohr-, Zahn-, Hirn- oder Herzwürmer). Der Beschwörung dieser Krankheitsdämonen diente ein lang praktizierter Wurmsegen. Selbst im 17. und 18. Jahrhundert traten noch Kurpfuscher auf Jahrmärkten mit der Behauptung auf, sie könnten Schwermütige heilen, indem sie ihnen die Würmer durch die Nase aus dem Gehirn zögen. Davon leitete sich die Redensart „Würmer aus der Nase ziehen" ab, die für langsames Aushorchen von Geheimnissen durch geschicktes Fragen steht. Auch die Redewendung „einen Wurm im Kopf haben" für eine fixe Idee, eine Marotte oder einen Spleen haben, spielt auf den Hirnwurm an. Und das „es wurmt mich" für das ärgert, quält beunruhigt mich, hat ebenfalls mit unserem Unwohlsein mit dem Wurm im Leibe zu tun.

Den DrehWURM kriegen

kriegen oder ihn bereits haben, sagt man, wenn man ein paar Dutzend Stufen auf einer engen Wendeltreppe hinter sich hat, eine minutenlange Pirouette auf dem Drehstuhl im Büro vollzieht oder sich von einem Fahrgeschäft auf der Kirmes ordentlich durchwirbeln lässt – die völlige Überreizung der Bogengänge im Ohr, die dem Gehirn unsere Raumlage melden, führt zu Kreiselsyndrom und Schwindelgefühl, und manchmal reagiert der Magen gleich mit ... Abgeleitet wurde dieser Ausdruck von der weltweit verbreiteten Drehkrankheit (Coenurosis) der Schafe: In ihrem Gehirn kann sich die blasenförmige Finne des Quesenbandwurms festsetzen und nach Verdrängung bzw. Teilzerstörung von Gehirngewebe zwanghafte Drehbewegungen auslösen. Schafe und einige andere Pflanzenfresser sind die betroffenen Zwischenwirte. Die Bandwurm-Generation lebt dagegen im Darm von Hunden und Füchsen, von wo die Eier mit dem Kot nach außen gelangen. Die Infektion der Zwischenwirte erfolgt über die Aufnahme verunreinigter Pflanzen.

Du bist aber wieder ZICKIG

Kaum jemand ist alle Tage unterschiedslos gut drauf. Jeder durchlebt schon einmal ein Stimmungstief, ist aus irgendeinem Grund stocksauer oder sonstwie übellaunig. Dann genügt ein falsches Wort aus der Umgebung oder auch gar kein unmittelbarer Anlass, um das Fass überlaufen zu lassen: Der/die Betroffene reagiert unüberlegt bis unberechenbar, ist nach Einschätzung seiner Mitmenschen zickig bzw. macht Zicken oder zickt einfach herum. Seinem Umfeld geht er/sie damit gewaltig auf den Senkel und wirkt schlicht unerträglich. Diese Ausdrücke sind offenbar aus dem Verhaltensrepertoir der Ziegen bzw. Zicken entnommen: Haus- und Wildziegen hüpfen scheinbar unmotiviert und übermütig herum. Männliche Tiere treiben es dabei besonders bunt und vollführen ihre sprichwörtlichen Bocksprünge. Noch munterer sind die Jungtiere, gebietsweise Zicklein genannt. Zicken machen oder zickig sein heißt demnach, sich nach Art der Ziegen unkontrolliert und launisch aufzuführen.

Das gleiche Bild taucht auch in einem anderen Wortgewand auf. Der wissenschaftliche Gattungsname der Hausziege und ihrer wilden Vorfahren lautet *capra*. Vom lateinischen *capra* leitet sich das Eigenschaftswort „kapriziös“ ab, das man mit launisch, eigenwillig oder eben zickig übersetzen kann. So hat man in vornehmen Kreisen früherer Jahrzehnte die pubertierenden Teenies charakterisiert. Die unberechenbaren Bocksprünge werden dann folgerichtig zu Kapriolen. In der italienischen Variante taucht das Adjektiv in der Pizza capriccioso auf und ist außerdem eine Tempobezeichnung für abwechslungsreiche, heitere Musikstücke. Peter Tschaikowski nannte eine seiner Kompositionen von 1880 „Capriccio italien“. Die hört sich mit ihren vielen überraschenden Themenwendungen ganz schön zickig an.

Mit ZITRONEn gehandelt haben

Wer mit den knallgelben Zitrusfrüchten handelt, die genau so sauer schmecken wie sie heißen, gehört entweder zur Branche der Obstverkäufer oder ist in einem gänzlich anderen Metier tätig, in dem er einen empfindlichen Misserfolg verkraften muss. An sich gehören die saftigen Zitronen, deren Fruchtfleisch durchaus Säurewerte um pH 3 aufweisen kann, in jeder Küche zu den eingeführten Standardzutaten vom Dressing für einen bunten Salat bis zum Träufelsaft auf Fischgerichten oder Wiener Schnitzel. Im Prinzip kann der Fruchtfachhandel daher von gleichbleibend guten Umsätzen ausgehen. Die problematisierende Redewendung meint jedoch entweder ein einseitiges und somit riskantes Geschäft, bei dem man auf seiner Ware sitzen bleibt wie auf einer Schiffsladung Zitronen, oder kennzeichnet die (zitronen-)säuerliche Miene eines Geschäftsmannes, dem sich ein anfangs vielversprechend gewinnträchtiger Abschluss zerschlagen hat. Da hilft es auch nicht, wenn er seine Gesprächspartner noch im Nachhinein „ausquetscht wie eine Zitrone“.

Brennen wie ZUNDER Bis zu 50 Zentimeter breit und 25 Zentimeter dick werden die braungrauen Zunderschwämme (*Fomes fomentarius*, von lat. *fomes* = Brennmaterial) und stellen damit auffällige und eindrucksvolle Konsolenpilze an den Stämmen kränkelnder Birken und Buchen dar. Vor der Erfindung von Streichhölzern in der ersten Hälfte des 19. Jahrhunderts hatte Zunder, das feste, getrocknete Hutfleisch des Pilzes, große Bedeutung beim An„zünden" von Feuer. Mit Zunderstücken fing man die Funken auf, die beim Aufeinanderschlagen von „Feuerstein" (Silex) oder später Metall davonflogen. Durch kräftiges Anblasen brachte man den Zunder zum Glühen und konnte daran wiederum trockenes Reisig oder harzreiche Kiefernholzstreifen (= Kienspan) entfachen. Ein geübter Zündtechniker konnte auf diese Weise in etwa einer Minute ein loderndes Feuer entzünden. Um die Glimmfähigkeit zu verbessern, tränkte man den geernteten und von seiner zähen Huthaut befreiten Pilz mit Salpeterlösungen. Im einfachsten Fall genügte dazu schon Urin. Wie der Mensch auf diese seltsame Technik kam, ist völlig rätselhaft.
Ursprünglich zündete man auf ähnliche Weise auch die umständlich zu handhabenden Vorderladegewehre und sogar die ersten Kanonen. Das Gewehrschloss schlug den Funken, die dadurch aufglimmende Zunderportion entfachte das Schießpulver, und dessen explosives Abfackeln trieb schließlich das Geschoss aus dem Lauf. Diese Technik des Anfeuerns war offenbar bereits in vorgeschichtlicher Zeit bekannt. Schon der 1991 per Zufall gefundene und rund 5000 Jahre alte „Ötzi", der berühmte Eismann vom Hauslabjoch im österreichisch-italienischen Grenzgebiet, trug in seiner Ausrüstung als Feuerzeug auch eine Portion Zunder mit sich herum und außerdem einen Köcher aus Birkenholz, der möglicherweise zum Aufbewahren und Transportieren von Glut diente.

REGISTER

Mit 50 Schwarzweiß-Cartoons von Friedrich Werth, Horb

Umschlaggestaltung von eStudio Calamar unter Verwendung einer Illustration von Friedrich Werth, Horb

Bibliografische Information Der Deutschen Bibliothek
Die Deutsche Bibliothek verzeichnet diese Publikation in der Deutschen Nationalbibliografie; detaillierte bibliografische Daten sind im Internet über http://dnb.ddb.de abrufbar.

Gedruckt auf chlorfrei gebleichtem Papier

ISBN-13: 978-3-440-10624-2
ISBN-10: 3-440-10624-1
Projektleitung: Dr. Stefan Raps
Lektorat: Bärbel Oftring
Produktion: DOPPELPUNKT Auch & Grätzbach GbR, Stuttgart/Johannes Geyer
Printed in Slowak Republic/Imprimé en Slovaquie

Die Fülle der Natur für zu Hause

Stichmann u. a.
Der große Kosmos-Naturführer Tiere und Pflanzen
896 Seiten,
über 2.800 Farbfotos

€/D 14,50;
€/A 20,60; sFr 33,70
Preisänderung vorbehalten
ISBN 978-3-440-10256-5

- Der umfassende Naturführer! Ob Erdmaus, Ziegenmelker oder Bienenwolf, ob Zirbel-Kiefer, Pracht-Nelke oder Streifenfarn: Lernen Sie sicher und schnell die imposante Tier- und Pflanzenfülle um uns herum kennen.
- Über 1.900 Arten Mitteleuropas, mit mehr als 2.800 Farbfotos!

KOSMOS

www.kosmos.de